韩铁林◎著

拐点法则

ZHEJIANG GONGSHANG UNIVERSITY PRESS

杭州

图书在版编目（CIP）数据

拐点法则 / 韩铁林著 . —杭州：浙江工商大学出版社，2019.4

ISBN 978-7-5178-3111-2

Ⅰ . ①拐… Ⅱ . ①韩… Ⅲ . ①企业经营管理－研究 Ⅳ . ① F272.3

中国版本图书馆 CIP 数据核字（2019）第 006455 号

拐点法则
GUAiDIAN FAZE

韩铁林　著

责任编辑　谭娟娟
封面设计　零创意文化
责任印刷　包建辉
出版发行　浙江工商大学出版社
　　　　　（杭州市教工路 198 号　邮政编码 310012）
　　　　　（E-mail:zjgsupress@163.com）
　　　　　（网址：http://www.zjgsupress.com）
电　　话　0571-88904980　88831806（传真）
排　　版　冉冉
印　　刷　北京万博诚印刷有限公司
开　　本　787mm×1092mm　1/16
印　　张　15
字　　数　158 千
版 印 次　2019 年 4 月第 1 版　2019 年 4 月第 1 次印刷
书　　号　ISBN 978-7-5178-3111-2
定　　价　68.00 元

目　录

引言　决定企业成长轨迹的要害　01

第一章　企业成长必然会遭遇哪些拐点

一、战略拐点　004

二、组织拐点　006

三、人才拐点　008

四、运营拐点　010

五、文化拐点　012

第二章　成长拐点之间的逻辑关系

一、战略拐点是创业成功之后的首要拐点　018

二、突破战略拐点，组织拐点才会出现　021

三、突破组织拐点，人才拐点才会凸显　022

四、突破人才拐点，运营拐点才会突出　024

五、文化拐点与其他四个拐点相伴相生　025

知识点延伸：知识经济特征下拐点之间的次序关系　027

第三章　如何识别企业遭遇的成长拐点

一、企业受困于拐点可能诱发并发症　034

二、如何识别战略拐点　037

　　1. 掘金之后，战略漂移　037

　　2. 细分领域，规模封顶　038

　　3. 弱势被动，仰人鼻息　038

　　4. 产业变迁，利基销蚀　039

　　5. 潜力市场，难以突破　039

　　6. 高手如林，拾遗补阙　040

　　7. 追兵围城，岌岌可危　041

三、如何识别组织拐点　042

　　1. 挑战个人极限　042

　　2. 上下责任错位　043

　　3. 破坏制度权威　043

4. 缺乏战略指向　044

5. 人才不再自燃　045

四、如何识别人才拐点　047

1. 能力断层　047

2. 南橘北枳　048

3. 逆向流动　049

4. 专而无用　049

五、如何识别运营拐点　051

1. 有目标没计划　051

2. 责任追溯不清　052

3. 绩效本末倒挂　053

4. 纠偏流于形式　054

六、如何识别文化拐点　056

1. 价值偏好导致的战略封顶　056

2. 管理风格导致的效率衰减　057

3. 例外问题导致的"对对之争"　058

4. 有违公德导致的舆论危机　059

5. 表里不一导致的文化失信　060

知识点延伸：知识经济特征下的拐点识别　062

第四章　如何突破战略拐点

一、弱势企业如何以小博大　069

1. 拓展视野　069

2. 筛选机会　078

3. 打透市场　080

4. 低调速行　081

5. 封锁边界　082

6. 战略立位　083

二、优势企业如何持续领先　086

1. 品牌占位　086

2. 资源聚焦　087

3. 封锁边界　087

4. 净化市场　088

5. 多点下注　089

6. 战略立位　090

第五章　如何突破组织拐点

一、战略指向型　094

1. 战略澄清　094

2. 明确战略对组织的需求 095

3. 战略级部门的设计 097

4. 战略级部门的管控 098

5. 人才准备 099

6. 推进计划 099

7. 实施与修正 099

二、规模承载型 101

1. 组织效率评估 101

2. 组织模式调整 108

3. 分权调整 108

4. 流程调整 109

三、管控调整型 111

1. 识别管控内核 111

2. 确立公理 112

3. 选择解决思路 113

4. 完善管控机制 116

第六章 如何突破人才拐点

一、人才挖潜型 124

1. 战略挖潜　124

2. 组织挖潜　125

3. 绩效校准　126

4. 激励挖潜　131

5. 填补断层　140

二、人才投资型　144

1. 重新确认使命和愿景　144

2. 打造利于创新的组织　145

3. 建立中长期激励机制　146

4. 人才雷达与引进　147

5. 业务创新与推进机制　147

6. 业务转化　148

第七章　如何突破运营拐点

一、目标驱动型　154

1. 梳理运营机制链　154

2. 战略向目标的转化　157

3. 责任与组织的匹配　159

4. 目标向计划转化　160

5. 计划与预算的匹配　161

6. 纠偏与激励挂钩　163

7. 人才匹配和优化　165

二、人才驱动型　166

1. 梳理运营机制链　166

2. 拉升使命愿景高度与人才等级　170

3. 完善中长期激励机制　171

4. 资源分配权向调用权转化　171

5. 短目标计划向长目标计划转化　172

第八章　如何突破文化拐点

一、文化成长型　178

1. 诊断文化基因缺陷　178

2. 识别文化冲突　186

3. 理念体系提升　190

4. 贯通文化作用链　192

5. 选择文化变革启动点　196

6. 回归伴生拐点　199

二、体系建设型　200

1. 重新澄清理念　200

2. 贯通文化作用链　201

3. 完善文化活动　201

4. 完善文化纠偏机制　202

5. 回归伴生拐点　203

第九章　拐点法则下的企业系统思维构建

一、拐点次序更迭决定企业成长姿态　208

二、拐点拉扯尺度决定企业成长节奏　212

　　1. 步子太大，快而惊险：德隆和盛大　212

　　2. 步子太小，慢而稳健：数寄屋桥次郎　214

　　3. 迈多大的步子合适：半步理论　214

三、企业系统思维：动态价值链　216

后记　拐点法则下的商业生态　221

李嘉诚说过一段话："当我骑自行车时，别人说路途太远，根本不可能到达目的地，我没有理他，半路上我换成小汽车；当我开小汽车时，别人说，前面有悬崖峭壁，会没路的，我没有理他，继续往前开；快到悬崖峭壁的时候，我换成了飞机，结果我到了任何我想去的地方。"

任何事物都必须根据环境和条件的变化，适时做出改变，才能获得良性发展，达成预期目标。否则，事物的发展就会受阻。假如一直骑自行车前进，可能会因为路途太远而中途放弃；假如一直开小汽车前进，可能会因为前面的悬崖而跌入深谷。

事物能得到良性发展，背后一定有其内在逻辑，这个逻辑的要害在哪里呢？我认为有四个方面。

第一个方面：必须改变什么？自行车换成了小汽车，小汽车换成了飞机，就是改变。但是否必须做出这样的改变呢？自行车换成摩托车可不可以？小汽车换成滑翔机可不可以？除了这两次改变，还需要第三次改变吗？

第二个方面：每次改变之间有什么内在关系？自行车、小汽车、飞机三者之间必须按照顺序依次改变吗？它们之间有没有决定与被决定的关系，或者其他关系？

第三个方面：什么时机改变最合适？自行车走出多远换成小汽车是最合适的？如果自行车走得远一点，或者近一点，会对结果有什么影响？如何判断合适的时机已经出现了呢？

第四个方面：如何改变？自行车换成小汽车，就要求在自行车停下的地方必须有一辆小汽车存在，谁来做好这个资源的准备呢？小汽车换成飞机，谁来准备好飞机呢？如果飞机需要跑道，谁来提前铺设好跑道呢？

这四个方面是影响事物发展过程的要害，任何一个方面的不同选择都会影响事物发展的轨迹。

企业的成长也是一种特定事物的发展，也必须根据环境和条件的变化，适时做出改变。企业必须做出改变的状态，往往代表着企业已经来到量变走向质变的临界状态，意味着旧模式必须向新模式切换，我把这种临界状态称为成长"拐点"。

企业能处于良性成长状态，其内在逻辑的要害在哪里呢？与前面对应，我认为也有四个方面。

第一个方面：企业必然会遭遇哪些成长拐点？

第二个方面：成长拐点之间有什么逻辑关系？

第三个方面：如何识别拐点？

第四个方面：如何突破拐点？

我把能够推动企业良性成长的这四个方面问题的一系列回答，称为"拐点法则"。

拐点，是决定企业成长轨迹发生改变的要害，决定企业能否获得突破式成长；拐点法则，是企业突破式成长的基本规律，也是管理者看透企业本质，通往"管理架构师"的阶梯。

管理架构师是具有设计、搭建和维护企业整体管理体系能力的管理者，是管理者职业发展的最高境界。即使优秀的企业家，也不一定是一名合格的管理架构师。它要求管理者具备"抽离感"，即能够将自己从具体的企业场景中抽离出来，将企业视作一个具象的物体，放到自己面前去观察、诊断和维护；它要求管理者具备"系统观"，即能够以系统化的思维看待企业，不能"一叶障目，不见泰山"；它要求管理者具备"洞察力"，即能够抓住关键问题，用一个点来触发整个系统的改善。

拐点法则能够让管理者具备"抽离感"。它像是一篇成长日记，记录了企业成长的每一个关键转折，以及转折发生的前因后果，让管理者以旁观者的视角，看到企业的全貌和成长规律。

拐点法则能够让管理者具备"系统观"。它像是穿珍珠的线，将管理者从课堂上、书本里、实践中所学到的知识碎片和所感悟到的心得体会，用一种结构和逻辑贯穿起来，让管理者以系统化的思维和视角，看到企业的有机结构和运行机理。

拐点法则能够让管理者具备"洞察力"。它像是一首钢琴曲谱，标记着企业发展过程中主要矛盾涌现的次序和节奏，让管理者在纷繁复杂的现象里，看到时下亟待解决的关键问题。

所以，拐点法则是企业家和管理者通往"管理架构师"的阶梯。

本书将用九个章节来系统阐述拐点法则。前三章依次阐述拐点法则的三个基本问题，即企业成长会遭遇哪些成长拐点，这些拐点之间的逻辑关系，如何识别拐点；第四章到第八章是本书重点，讲述如何突破拐点。第九章阐述基于拐点法则形成的企业系统观，帮助管理者搭建系统思维结构。

我衷心希望——无论是崭露头角的创业企业，还是在变革转型的传统企业；无论是在趋势的风口里惬意飞翔的企业，还是陷入了发展困境的企业，这些企业的管理者们，都能够基于拐点法则，对以往补丁式累积的、割裂的、碎片化的管理知识进行一次贯穿，建立起全局性的思考能力和框架性的思维结构，能够以拐点法则为线索，看透企业的成长本质，找到企业持续发展的根本解，使经营企业变得优雅，变得从容，变成一种享受。

第一章

企业成长必然会遭遇哪些拐点

世界比我们伟大，不会按我们的想法行事；我们比世界渺小，必须遵循它的法则。

——英国社会学家

本杰明·惠奇科特

企业成长的过程总是伴随着大大小小、形形色色的问题，比如市场、资金、人才问题就是企业家和管理者感知最强烈、存在最普遍的三大问题；除此之外，还可能有组织、流程、执行力、品质、生产、研发等一系列问题。总之，任何企业在任何时点，都存在着这样或那样的问题。

但是，这些问题的性质不同。有的问题，将会改变企业的成长轨迹；有的问题，无论如何解决甚至解决与否，都不会改变企业的成长轨迹，只是引起程度上的变化；有的问题，与其他问题高度相关，或者属于其他问题项下的二级问题。

通过对企业问题的性质分类和归纳梳理，可以提炼出企业成长过程中存在的五个拐点。

一、战略拐点

战略拐点，即企业战略模式的主观选择与战略环境变化产生背离，导致业务增长出现停滞甚至衰退的临界状态。

很多企业沉醉于既有战略带来的成功，而忽略了战略环境的悄然改变，当意识到战略拐点时，已经无力回天。

柯达曾是盛极一时的全球相机胶片领导品牌，2000 年的净利润还高达 143 亿美元（约合人民币 982 亿元），但到 2003 年跌至 41.8 亿美元（约合人民币 287 亿元），2005 年后就几乎没有盈利，2012 年不得不申请破产。柯达面对的战略环境是数字技术逐步取代胶片技术。柯达并非没有注意到数字技术的革新，甚至它还可以称为技术革新的开创者，全球第一台数码相机就是柯达在 1976 年发明的。但是它将数码技术雪藏起来，因为过早的推动数码技术商业化，会严重地侵蚀它在胶片业务上的丰厚利润。在贪图利润的道路上，柯达对战略环境的变化主观上选择了视而不见，当意识到不得不改变战略的时候，已经失去了最后的机会。

类似的案例还有诺基亚。很多人认为，诺基亚之所以被苹果打败，是因为乔布斯创造的苹果智能手机打败了诺基亚的手机。从表面上看，苹果手机确实在很多方面都超越了诺基亚手机，但本质上，是移动互联网应用时代取代了移动通信时代。苹果手机不再是一个真正意义上的手机，而是移动互联网应用的手持终端；诺基亚手机仍然是一个移动通信工具，这是诺基亚被淘汰的根本所在。

再比如百丽鞋业，市值从 1500 亿港元（约合人民币 1316 亿元）下滑到 400 多亿港元（约合人民币 300 多亿元），直至退市被高瓴资本集团组成的财团收购。很多人认为，百丽鞋业近些年在产品创新上乏善可陈，导致今天的败局，而这只是表面现象。百丽鞋业过往的成功关键是在渠道上的布局和垄断优势，不论在哪个大型商场或购物中心，百丽鞋业都通过旗下众多品牌，开设店中店或专柜，一次性租下其鞋类专区三分之一甚至一半以上的面积。官方数据显示，百丽鞋业的零售网络覆盖中国约 300 个城市。然而到了电商时代，网络购物彻底瓦解了百丽鞋业的渠道优势，其优势反而成为快速转型的劣势。尽管百丽鞋业在电商上也做了很多投资和尝试，但其思维上对传统渠道的路径依赖，使这些努力都未见大成效。百丽鞋业的衰落，并非由于表面上看到的产品创新问题，而是由于没有跟上传统渠道时代向电商时代的转型。

企业的战略模式，必须与战略环境相匹配。当战略模式与战略环境产生了背离，企业就必须在战略模式上及时切换，这样才可能进入新的成长空间。否则，企业就只能在原有战略模式下衰落。

二、组织拐点

组织拐点，即企业组织方式的主观选择与业务规模扩张的客观要求产生背离，导致组织的效率降低，危及市场竞争优势的临界状态。

组织方式是对企业内部所有成员之间工作关系的一种安排，很多企业的组织方式严重制约了企业的规模扩张。

俏江南曾是一个风光无限的餐饮品牌，2006 年有 20 多家分店，按照董事长张兰的规划，未来三年内要开到 100 家分店，但它遇到了发展瓶颈。这家号称集团化管理的企业，其集团总部是虚化的，没有实际的管理部门，20 多家分店基本上靠张兰走动式管理，内部管理乱象丛生：各家分店的管理模式和风格因任职的分店总经理不同而不同，无法满足复制要求；有的分店总经理当起了"土皇帝"，一言堂、任人唯亲现象严重；有的员工因严重违反企业制度被辞退，竟然能够在另外一家分店正常应聘入职。俏江南要想从 20 多家分店扩张到 100家，这种组织方式是无法支撑的。张兰也充分意识到了这个问题的严重性，投入大量精力推动组织方式调整，这才走上了扩张之路。如果俏江南后来没有引进鼎晖投资，被资本裹挟进入上市快车道，这家企业本来是可以获得稳健、良性发展的，但最终结局却是张兰净身出户，令人唏嘘。

娃哈哈集团董事长宗庆后是公认的强权人物，他崇尚扁平化管理，事必躬亲，不设副总，直接管理 30 多个部门经理。娃哈哈曾经创造了辉煌的业绩，但在近年的发展中遭遇了诸多战略失败。娃哈哈一直在探索饮料主业之外的新的增长点，从童装到奶粉，从白酒到零售卖场，从机器人到生物技术，几乎都以失败告终。究竟是什么限制了娃哈哈的发展？是宗庆后的战略眼光问题，还是战略的落地问题？我认为在很大程度上，是组织方式导致了战略失败。在宗庆后强权管理风格下形成的扁平化组织，对宗庆后本人的能力极限提出巨大挑战，同时也极大限制了各业务板块管理人员能力的发挥。这种组织方式，无法释放人才的创新能力，使娃哈哈陷入战略创新屡战屡败的胶着状态。

企业的组织方式是一种主观选择，它必须与企业的业务规模扩张相匹配。随着业务规模的扩张，管理复杂度越来越高，组织方式需要及时进行切换，才能更有效率地承载业务规模，将企业带入新的成长空间。否则，企业会由于组织方式的失效，出现效率降低甚至战略失败等现象。

三、人才拐点

人才拐点，即企业人才管理机制与组织方式对人才的需求产生背离，导致组织目标无法有效实现，危及市场竞争优势的临界状态。

很多管理者对人力资源问题的判断，往往会归因于员工"能力不足"，于是围绕着提升人才能力或找到优秀人才做了很多努力。但是，这些努力可能从一开始就错了。

河北一家企业通过猎头以年薪 150 万元聘请了一位从外资企业出来的职业经理人，担任公司的常务副总，协助老板开展日常工作。初期老板对他非常看重，交代给他很多重要的事情，但这些事情进展都不是很顺畅，结果只能算差强人意。渐渐地，老板开始怀疑选错了人。而这位职业经理人也有自己的苦衷：他在推进工作过程中，发现其他管理人员都不愿意配合。原来，其他人都是企业的元老，跟着老板做了很多年，一年的工资也才 50 万元左右，而从外面聘请的职业经理人居然有 150 万元的年薪。他们私下聊天就说："既然外人这么贵，一定比我们能干，那就让他自己去干好了，我们工资少，就少干点儿。"所以，他们都把活儿推到这位职业经理人身上，甚至人为给他设置障碍，就想看他的笑话。这位职业经理人四处碰壁，孤立无援，也就很难做出成绩。老板对他的信任也逐步降低，对他的支持力度逐步减弱，工作就更难推进。于是陷入了恶性循环，最终他不得不选择离职。

这家企业的老板自始至终认为是招错了人，而实际上是人才管理机制出了问题。他遇到的挑战是如何将原来适用于老员工的人才管理机制，过渡调整到适用于职业经理人的人才管理机制。

人才管理机制是人才管理的核心。人才的能力水平，只是机制作用的结果。尤其在日益开放、自由流动的人才市场，机制的核心作用更加明显。即使企业招聘到精英人才，如果人才管理机制不合理，精英人才也会变成庸才，甚至流失。相反，合理的人才管理机制则可以吸引到理想的人才并能人尽其才。

企业的发展战略通过组织方式对人才提出需求，当人才管理机制已经无法满足组织方式对人才的需求，就需要及时切换模式，只有这样才能实现人才升级，将企业带入新的成长空间。否则，企业会由于人才管理机制的失效，出现能力不足而无法支撑组织运行和战略实现的现象。

四、运营拐点

运营拐点，即企业专业化分工过度或业务不确定性过高，导致企业组织的运行复杂性与企业运行内在一致性要求产生背离，造成组织局部与整体之间脱节，使企业的运行效率降低，危及市场竞争优势的临界状态。

分工产生效率，这是亚当·斯密的经典理论。但分工过度会增加内部协调的复杂性，使效率不升反降。某企业为了加强成本管控，在集团总部设立了一个由20人组成的成本管理中心，执行对各子公司的成本管理职能。其他规模相当的同行，其总部负责成本管理的部门成员平均在10个人左右，所以该集团总部的成本管理团队算是超额配置了。但是，运行了半年之后，其成本管理中心又提出了增加5个编制的需求。这让老板很纳闷：同行10个人就可以干的事，为什么自己的企业20个人都干不过来呢？调研后发现，成本管理中心对职能按照20个人的编制进行了拆分，分工比同行要细。按照分工理论，分工产生效率，但是过细的分工使每个人都严格固守自己的职责边界，不越雷池一步，也不允许其他人介入自己的职责范围。而且每个人为了凸显自己的重要性，在自己职责边界之内不断定义新内容。于是成本管理中心的职责内容不断"发酵"，每个人工作都很饱满，以至于干不过来了，需要更多的人来承担。所以他们又提出了增加编制的要求。随着人员的增多，成本管理流程变得越来越长，凭空"发酵"出来的工作内容，消耗着管理者本人的精力，也消耗着被管理者的精力，叠加效应就是效率越来越低。

科技创新企业的业务不确定性程度非常高，过程变量非常复杂，导致企业运行中各部门、各层级、各职能的信息不同步、进程不同步，这就与企业运行内在一致性的要求相矛盾。因此，科技创新企业更需要一种有效的运营机制，将企业各部门协调起来，保持合理的运行效率。

效率是企业发展的根本要求。企业的战略模式创新、组织方式更迭、人才机制转型提升，都可能导致企业局部与整体的脱节。当脱节严重到一定程度，企业需要通过运营机制的调整，将企业的效率调节到一个合理区间，使企业在战略、组织、人才等方面保持一致，形成有机系统。否则，企业就会患上以臃肿、割裂、紊乱等为特征的大企业病。

五、文化拐点

　　文化拐点，即管理者价值观偏好与战略、组织、人才、运营各方面的客观规律产生背离，导致企业成长空间无法继续拓展的临界状态。

　　做游戏产业从来都不是陈天桥的初心。2004年盛大上市的时候，其创始人陈天桥风光无限，被"最年轻的年度经济人物""中国互联网的先驱"等光环笼罩着，红极一时。《热血传奇》这款游戏改变了中国网游的进程。时至今日，中国仍没有一款游戏能够在影响力上超越当年的《热血传奇》。但陈天桥的内心是极度厌恶《热血传奇》的，他曾说："《热血传奇》是个烂游戏，盛大是个好公司。""有人玩我的游戏玩到心脏病发作而身亡，《人民日报》头版都点过我们的名……""有《热血传奇》玩家因丢失装备冲入我的办公室，指着我的鼻子大骂。"

　　陈天桥一再表示，游戏只是其赚钱的工具，它无法承载自己的事业理想。陈天桥对游戏的态度，决定了盛大的战略走向。多年来，盛大在游戏行业始终没能建立起一支顶尖的研发团队，《热血传奇》之后，其自主研发的游戏无一成为经典。盛大轻视游戏，其对手们却将游戏作为战略重心，此消彼长之间，盛大丢失了竞争优势。

　　从商业视角来看，游戏是最赚钱的工具，但站在陈天桥的角度，赚钱并不是他做出取舍的标准。能否实现自己的事业理想，才是他选择的依据，这就是他的价值观偏好。盛大在战略方向上的改变，本质上是文化驱动的，盛大的成长遭遇的是文化拐点，而非战略拐点。

价值观偏好是一种主观选择，而商业视角下的战略、组织、人才、运营有其客观规律。主观选择与客观规律匹配，企业就会走上现实主义路线，反之，企业就会走上理想主义路线，但有可能会出现"理想很丰满、现实很骨感"的困境。价值观偏好没有对错，只要企业家和管理者对事物规律的认知足够清晰，对每条路径的可能结果有充分的估量，愿意对选择承担责任，都应该得到尊重，这也是商业社会生态化的根源。

以上这五个拐点，决定着企业的成长轨迹。企业遇到的各种问题，追根溯源都可以归纳到这五个拐点上来。比如市场问题，其根源可能并不在产品本身，或者渠道本身，而是战略模式出了问题；比如资金问题，资本市场并不缺钱，但你的企业却无法获得融资或投资，有可能是战略模式无法获得资本市场的认可；比如人才问题，有可能是人才机制问题，也可能是战略问题，或者是组织问题。面对一个具体的企业，管理者不要被问题表象所迷惑，而要透过迷雾看到问题的根源，这样才能彻底解决问题。

第二章
成长拐点之间的逻辑关系

无论一个问题多么复杂，如果能以正确的方式去看待，它都会变得简单起来。

——美国系统思考大师

德内拉·梅多斯

拐点这个概念，经常被企业管理者提到，也经常被赋予不同的内涵，比如资金拐点、市场拐点、成本拐点、技术拐点……不一而足。为什么我把企业的成长拐点归纳为五个，而不是六个、七个呢？为什么是战略、组织、人才、运营和文化这五个拐点而不是其他五个拐点呢？这五个拐点之间存在着什么样的内在关系？

这要回到企业的经济形态背景中，从成长的一般规律中去找寻答案。

世界经济形态，从以农业经济、工业经济为主导的传统经济时代，逐步进入到以知识经济为主导的时代。所谓知识经济，按照世界经济合作与发展组织的定义，是以现代科学技术为核心的，建立在知识和信息的生产、存储、使用和消费之上的经济。

在传统经济时代，市场需求、市场环境和业务结果是相对可预测的。多数企业是在传统经济时代下创立和成长的，多数管理思想和理论也是从传统经济时代的过往实践中总结出来的。知识经济时代的特征是创意成为生产的主要内容，市场需求多元，市场环境多变。对于具有明显知识经济时代特征的企业，经典的管理思想和理论面临着挑战，需要与时俱进、创新发展。

一、战略拐点是创业成功之后的首要拐点

　　创业成功是企业成长的逻辑起点。创业具有偶然性，往往是天时、地利和人和的一次因缘际会。创业失败了，企业就无从谈起，即使创业成功，也不代表企业就走上了一条确定的道路。一般来说，创业成功之后的企业，会有以下三种走向。

　　第一种是投机生意。我见过一位创业者，自诩"看事很准，做事必成，身家过亿"。他创办过汽修厂、倒卖过服装、干过餐饮、开过广告公司、炒过股票等，干每一件事都挣到了不少钱。我遇到他的时候，他正孑然一身，寻觅新的商机。他的团队从来没有稳定过，有事干就招点儿人，没事干了就把团队解散。他就是一个不折不扣的精明的生意人，这山看着那山高，打一枪换一个地方。他每一次创办企业，都只是一次投机而已。

　　第二种是大而无当。河北有一个房地产企业的老板，第一个创业项目就挣了1亿多元。他觉得自己就是商业天才，于是自信心爆棚，开始大手笔规划自己的产业版图，一举进入了七大产业，分别是房地产、旅游、影视、餐饮、珠宝、教育和工程机械，制定的年度销售目标是100亿元，但他们当年只完成了5亿元。一年之后，这家企业就

出名了，不是因为实现了增长奇迹，而是因为老板涉嫌非法吸收公众存款，涉案33亿元。后来这位老板被判刑20年。一个百亿元的产业梦想就这样化为了泡影。正应了那句话："眼见他起高楼，眼见他宴宾客，眼见他楼塌了。"

第三种是战略成长。万科在创业之初，依靠饲料贸易赚得了第一桶金，之后就开始了多元化扩张。其业务曾经涉及食品饮料、电子制造、供电服务、商贸等领域，在全国12个主要城市拥有55家联营公司和附属公司。繁荣景象掩盖不住创始人王石的无奈和焦虑：这么多业务，盈亏参半，即使盈利的业务，也没有形成拳头产品和绝对的竞争优势，企业资源分散，顾此失彼。后来王石痛下决心，对多元化踩了"急刹车"，决定将业务收敛到房地产。但房地产行业还有很多细分市场，比如高档别墅、商业地产、普通住宅等，王石最终决定将万科的业务精准定位于为城市新兴白领阶层在城乡接合部提供商品住宅产品。王石的决定扭转了万科的发展方向，成就了今天一个千亿级的企业。

万科这种类型的企业，在创业成功之后，尽管经历了一次多元化扩张，但是最终能够在众多发展机会面前，通过理性判断，选择一个明确的发展方向，并按照既定的方向来构建竞争优势，培育核心能力。我们看到，凡是发展壮大的企业，无不是在既定方向上坚守和持续积累的；凡是频繁调整方向的企业，无不是沦为随波逐流的平庸之辈或被淘汰出局。

显然，创业成功之后，只有第三种走向的企业，完成了从创业阶段的机会型成长状态向定向型成长状态的蜕变。第一、二种走向的企业，则无法进入新的成长空间。第三种与第一、二种走向的企业，到底有什么区别？

　　创业成功之后创业者面临的挑战，就是如何避免掉进诱惑陷阱。创业之初，创业者的资源获取能力是相对有限的，可供选择的机会非常少，一旦创业成功，其资源获取能力会得到极大提升，可供选择的机会就非常多了。机会多了并不一定是好事，它要求创业者必须具备洞察能力，能够看懂趋势，能够有选择的理性。不幸的是，很多创业者在众多机会面前迷失了方向，迷失了自己，要么变成了逐利的商人，即第一种走向；要么变成大而无当的莽夫，即第二种走向；真正能做出理性选择的，即第三种走向的企业少之又少。很多创业企业没有持续发展起来，不是因为没有机会，而是机会太多。创业者能否跳出诱惑陷阱，高瞻远瞩，审时度势，不忘初心，做出理性选择，本质上是战略问题。所以，创业成功之后企业遭遇的第一个拐点是战略拐点。

二、突破战略拐点，组织拐点才会出现

在没有明确的战略之前，企业是不会存在组织问题的。如果战略不明确，企业的业务就不稳定，基于业务所形成的责任分工就是临时性的。在企业发展的上一阶段还是业务骨干的员工，在下一阶段可能就不重要了。在这种动态调整中，强调专业分工的组织结构是难以确立的。此外，战略不明确，企业就很难在一个业务方向上坚守和持续积累，业务规模一般情况下都比较小，很少涉及规模扩张带来的管控问题和业务量承载力问题。所以企业在没有突破战略拐点之前，不太可能触及组织拐点。

企业一旦突破了战略拐点，就意味着明确了商业模式、竞争优势、核心能力和战略阶段等关键事项。接下来，如何支撑企业战略成为组织要回答的核心问题。企业在既定的战略之下实现了定向成长，业务规模开始扩张。业务达到一定规模之后，组织的承载力和管控相继成为组织必须回答的核心问题。核心问题回答不好，企业的战略就无法落地，业务的规模就无法扩张。所以，组织拐点一定出现在战略拐点之后。

三、突破组织拐点，人才拐点才会凸显

创业阶段，由于业务不稳定，以及为了提高应变能力，企业往往会形成强势的创业者和"万金油""助手型"员工搭配的人才结构。但是，当企业的战略方向和商业模式确立之后，组织分工也就相应地明确下来，企业对人才的要求就不再是"万金油"和"助手型"，而是专业性强和职业化程度高。原来的员工不再适应战略和组织的要求，企业必须实现人才转型。从多数企业的情况来看，保留下来的创业阶段的老员工，虽然对企业的忠诚度高，但在能力上已经跟不上企业发展的节奏，而且他们能力的提升速度一般也比较慢。甚至从素质模型的角度看，有的员工注定不能转型为企业所需要的人才。所以，企业一方面要尽量在老员工里"淘金"，另一方面要从外部人才市场引进人才。在这个过程中，新老员工之间还要寻找平衡点，保障人才转型的平稳过渡，这是很多创业企业成长到这个阶段必然要经历的挑战。

有很多企业因为处理不好新老员工的问题，建立不了合理有效的人才机制，导致人才转型不成功，因而拖延或贻误发展的黄金期，企业从此走上下坡路。人才是企业的特殊要素，把人才称为人力资源，与财务资源、市场资源等相提并论，我认为是降低了人才在企业中的重要性，抹杀了人才的核心作用。人才是具有自主意识的，与资金、渠道等物化资源不同，它是企业真正的能量来源。人才拐点对人才这种能量的聚集和释放起着关键性制约作用。人才拐点不突破，企业的能量就无法得到有效和充分的释放。

四、突破人才拐点，运营拐点才会突出

　　企业突破了人才拐点，意味着人才结构按照组织分工的要求实现了专业化、职业化转型。企业在专业化分工的道路上越走越远，带来效率提升的同时，也带来了工作流的割裂。原来一件事由一个人从头做到尾，现在把一件事分解成多个专业动作，由多个人分工依次来做。原来完成一件事不需要协调、监督和推进，一个人就解决了。而分工之后，为了防范某个动作滞后或错误，就需要日常监督；为了保障工作效率，就需要不断沟通与协调。企业的分工与人体四肢的分工是不一样的。人体四肢分工后，仍是一个有机体，大脑下达一个指令，通过神经系统的快速传导，四肢就能协调动作。而企业的分工不存在天然的"神经系统"，必须人为植入"神经系统"，以保障分工之后的动作是快速的、协调一致的。企业必须有意识地去建立这套神经系统，并把它植入日常运营过程当中。很多企业面临的挑战是不理解这套神经系统的运作机理，因为它是多个环节的串联，不管哪个环节出现问题，都会让神经系统失效。为了保障它的贯通，必须不断检视、疏通和维护。这套神经系统就是运营机制，它决定着企业在市场上的竞争效率。运营拐点不突破，会大大降低企业对外部竞争的反应速度。

五、文化拐点与其他四个拐点相伴相生

创业企业依次突破战略、组织、人才、运营四个拐点的成长历程中，文化拐点一直相伴相生。

战略拐点的突破过程，既是对战略模式客观分析的过程，也是基于价值观偏好的取舍过程，这种主观取舍，就可能会使战略拐点转化为文化拐点。比如盛大从游戏业务转型，关键影响因素是陈天桥的价值观偏好。表面上看盛大是遭遇了战略拐点，而实际上是文化拐点。组织、人才、运营拐点的突破，也会受到价值观偏好和管理风格的深刻影响，也有可能转化为文化拐点。

文化拐点的每一次突破，都意味着企业文化中的价值观和理念体系的扩展，意味着企业以更符合自身发展客观规律的文化为成长松绑。当解除了文化的束缚，企业的成长拐点就回归到了伴生拐点。比如与战略拐点伴生的文化拐点，在其被突破之后，成长拐点就回归到战略拐点；又如与组织拐点伴生的文化拐点，在其被突破之后，成长拐点就回归到组织拐点。

创业企业的一般成长规律，决定了企业成长轨迹的拐点是上述五个，而非六个、七个，并且它们之间存在着派生关系：战略拐点先于组织拐点；组织拐点先于人才拐点；人才拐点先于运营拐点；文化拐点与其他四个拐点相伴相生，当其他四个拐点在突破路径选择上发生价值观偏好与客观规律背离时，就会转化成与之伴生的文化拐点。

知识点延伸：
知识经济特征下拐点之间的次序关系

在知识经济时代，市场需求越来越难把握，市场环境越来越不稳定，以创意为核心的业务结果越来越难以预料，这使企业对战略只能做出方向性选择，并且要不断评估调整，无法像传统经济时代那样对战略路径进行长期细致的规划。战略上的这种新挑战，使人才的重要性凸显出来。在传统经济时代，企业家可以将战略设计得非常清晰周密，一切尽在把握，人才就是战略节点上的螺丝钉，只要按照战略要求选择人才、使用人才，就能够实现战略；但在知识经济时代，企业家无法将战略设计得清晰周密，只能设定一个大概方向，战略的实现更多地依赖人才发挥主观能动性，摸索前行。哪个企业能够吸纳更高端的人才，哪个企业的成功可能性就更大。奥地利著名诗人特拉克尔说过，"与你同行的人，比你到达的方向更重要"。在传统经济时代，战略主导人才；在知识经济时代，人才主导战略。

知识经济时代的人才与战略的主辅关系变化，虽然没有改变五个拐点的基本框架，但改变了五个拐点的逻辑次序。

人才拐点升级为企业成长的第一个拐点。人才是企业成长的前提，谁拥有人才，谁就有战略未来。此处的人才指的是某一领域的核心人才，甚至是领军型人物，而非普通的员工。只有这样的人才，才能够为企业带来突破性创新，使企业在产品、服务甚至战略模式上超越竞争对手，将企业带入新的成长空间。

　　运营拐点是第二个拐点。科技创新或内容创意的企业，在探索尝试过程中，维持企业运行的效率底线变得至关重要。探索和尝试，意味着不确定性，意味着会出现失败和反复，运营效率自然会降低。但是，运营效率是有底线的，如果突破了底线，即使有再好的创新或创意，也会被竞争对手抢得先机。如何在创新和效率之间把握平衡，是知识经济特征型企业面临的挑战。

　　战略拐点是第三个拐点。企业的战略必然会经历一个从模糊到清晰的过程。初期的战略完全是基于核心人才的认知和假设，并且是方向性的。随着业务不断探索、试错和调整，战略的方向才会稳定下来，并且模式和路径不断清晰化。核心人才和运营效率，决定着企业的战略是否能够确立。所以，战略拐点是在运营拐点之后出现的。

　　组织拐点是第四个拐点。在人才主导的企业，组织的初始形态是以关键人才为核心发育专业团队，但这种组织形态只是对个人专业能力的放大，无法从全局上实现战略性协同和整体性行动。当战略清晰稳定之后，如何将关键人才的个人能力进行全局性、整体性的组织化，就成为企业发展的核心问题。并且，只有战略清晰稳定之后，才可能构建基于战略的组织。所以，组织拐点是以战略拐点的突破为前提的。

文化拐点与四个拐点是相伴相生的关系。文化与战略、组织、人才、运营水乳交融，无论是传统经济形态还是知识经济形态，无论其他四个拐点的次序如何变化，文化都是与它们相伴相生的。并且，在知识经济特征下文化的"影子"更加显化。比如在人才拐点上，文化的影响非常明显。如果企业文化不够鲜明和深远，无法感召和吸引核心人才，企业就无法突破人才拐点，在知识经济时代立足。

现实中的企业，多数处于传统经济形态和知识经济形态的交界地带，兼具两种经济形态的特征，只是有的企业或某项业务偏传统经济，有的企业或某项业务偏知识经济而已。为了便于阐述和展开深入分析，我将企业划分为两种典型情况：第一种是"战略主导人"，遵循着传统经济时代的拐点关系；第二种是"人主导战略"，遵循着知识经济时代的拐点关系。大家可以参考这两种典型情况来理解和把握拐点关系。

第三章
如何识别企业遭遇的成长拐点

停留在出现问题的思维水平上，不可能解决出现的问题。

——物理学家

爱因斯坦

　　企业遭遇了成长拐点，就像人生病一样，会有诸多症状出现。但是仅从症状上判断病因，有时并不准确。因为不同的病因，可能会导致相近的症状。一种病不能及时治愈引发了并发症，症状会更加多元和复杂，从而使病因更加扑朔迷离。所以，识别企业遭遇了哪个拐点，既要从"症状"入手，又要从拐点之间的逻辑关系来把握。

　　为了便于理解，我们以传统经济特征下的拐点关系为主线，根据企业出现的典型症状依次排查，来识别企业遭遇的真正拐点。如果企业的知识经济特征非常明显，则排查的次序需要遵循知识经济特征下的拐点关系。

一、企业受困于拐点可能诱发并发症

感冒是最常见的病。因为太过常见，所以很多人都不重视。其实如果感冒不能及时治愈，便存在着很大的并发症风险：它会引起结膜炎、中耳炎、口腔炎症、喉炎、扁桃体发炎、淋巴结炎、支气管炎、支气管肺炎；会引发败血症、菌血症或病毒血症；还有可能引起血管炎、川崎病、风湿热、肝炎、肾炎等；严重的可以危及生命。

企业成长拐点也有类似的情形。如果企业遭遇了成长拐点而不能及时突破，企业就会由拐点问题衍生出一系列问题，形成并发症，让企业管理者感觉到问题重重，不知从何下手。

例如，某企业战略很清晰，为企业发展界定了足够的空间边界，但是其组织方式不能支撑战略的核心能力，不能承载当前的业务量，管控机制不完善，这说明它遭遇了组织拐点。企业如果不能及时突破组织拐点，会诱发哪些并发症呢？

首先，战略的核心能力没有组织保障，会导致企业的竞争优势无法形成正向积累，竞争力流失，战略目标无法实现。当战略目标总是无法满足预期，就很容易引发企业家或管理者对战略的怀疑，是不是战略不合理？是不是竞争环境变了？导致企业家将注意力放在对战略的审视和修正上。但是因为问题不在这里，即使做出战略调整，也不会见成效，企业家或管理者反而可能会因此陷入战略困惑中难以自拔。

其次，组织方式的承载力不足，会导致责任界定和分解的方式不合理，目标任务无法有效落实。比如，本来是项目特征非常明显的业务，偏要采取直线职能制的组织方式，那么对每个项目来说，就缺乏完整的责任承担者。项目执行不好，谁都不负责任，因为从职能部门角度看，只要自己部门的事做到了，项目成败就不归它管了。这就导致没人关心项目成败，每人只关心自己职能部门负责的那一环节，形成"隧道视野"现象。这种组织方式如果不能及时调整，久而久之，会导致企业的目标任务总是完不成。管理者会因此加强对员工的绩效考核，但考核的逻辑也是重部门而轻项目，并不利于项目的业绩达成。这种情况下，企业家或管理者会认为原因在于员工能力不行，必须加大人才的引进，于是让人力资源部招聘更优秀的人才进来，辞退他们认为不好的员工。人才到位了，业绩仍不见好转，就让人力资源部在绩效考核方案上下功夫，聘请外部专业咨询机构，让其提供更科学合理的考核方案。但是人才和绩效管理是无法解决组织问题的，可想而知，他们的努力也不会有好的结果。于是他们又把注意力转移到执行力上，制定更加完善的运营监督制度，加大对员工的执行力培训，让员工忙碌起来。企业家或管理者尝试各种管理手段失败之后，可能又陷入了管理困惑中不能自拔。

再次，组织管控机制不完善，导致形成很多管控的空白区域。时间久了，监管不到的人员就会偷懒，甚至做坏事，损害企业的利益。

当问题暴露出来时，企业家或管理者可能会认为是文化问题，于是他们开始大张旗鼓地进行文化建设，从外部请老师为员工培训职业理念、提高责任意识，希望通过文化建设来解决这些问题。结果是企业家或管理者可能又陷入文化困惑而不能自拔。

综上所述，我们可以看到，企业本来是遭遇了组织拐点，由于没能及时突破，诱发出很多相关问题，企业家或管理者无法判断问题的真相，只是就问题解决问题，从而陷入战略困惑、人才困惑、运营困惑及文化困惑中。同理，企业遭遇了其他拐点，也会导致一系列的并发症。

当成长拐点诱发了并发症，企业家或管理者千万不要被问题的表象所迷惑，必须找到问题的根源，这样才能够将企业真正调整到良性发展状态。

二、如何识别战略拐点

企业成长过程中，如果出现了下列七种情形之一，就意味着遭遇了战略拐点。

1. 掘金之后，战略漂移

创业成功，赚得了第一桶金，企业就会面临诱惑陷阱。在众多的机会诱惑面前，一类企业走向了投机生意，一类企业走向了大而无当，它们都无法确立稳定的战略，我姑且称之为战略漂移，其实它们并没有真正的战略。

显然，企业只要在经营，就有其开展业务的模式，但这种模式称不上战略，它不是基于未来的、长期的主动布局，更多的是为了追逐商业机会或为了生存而不得不采取的应对之策。但多数创业者并不这样想。他们认为自己的企业有战略，只是这种战略不稳定，需要经常调整而已。

2. 细分领域，规模封顶

在广东省中山市小榄镇，有一个生产指甲钳的公司，从 1998 年创立至今，已 20 余年。这家公司生产的指甲钳远销世界各地，国外市场收入占其总收入的 55% 左右，在国内高端市场的占有率达到 60%~65%，在全球市场占有率排名第三。然而，这样一家占据一大半市场份额的公司，年销售额只有区区 2 亿多元。

在浙江台州，有一家生产纽扣的公司，连续 16 年保持规模世界第一的纪录，目前拥有遍及世界五大洲的国际性专业客商 200 多家，产品出口收入占其总收入的 18%。同时，这家公司在国内中高端市场占据 15%~20% 的份额，位居产业首位。然而，这样一家在纽扣产业做到世界第一的公司，年销售额也不过八九亿元。

指甲钳、纽扣，都是细分市场、小池塘。小池塘里，长不出大鱼；细分市场中，孕育不了大企业。

3. 弱势被动，仰人鼻息

某建筑企业作为总承包商承包一项工程后，会按照专业进行分包。但其在选择分包商时，会把握一个原则，叫合理低价。分包商按照建筑业的定额标准做的工程预算只是一个报价基数，各家分包商要竞标，就要比谁在基数上下浮的点数多，下浮得越多，中标的可能性越大。不过，总承包商心中有一个底线，就是下浮点数超过一定限额之后，是不能让该分包商中标的。因为他们非常清楚，如果让分包商低于底线中标的话，分包商要想赢利，必然会通过偷工减料来实现，这样最终会损害总承包商的利益。在这个分包商相互竞争的场景中，分包商在总承包商面前，就像透明体。总承包商能完全掌控分包商的利润水平，让你挣多少，你就只能挣多少，没有任何反抗的余地。

4. 产业变迁，利基销蚀

2012 年 9 月 6 日，河北泊头火柴有限公司举行资产处置拍卖会，公司最后一批设备被拍卖，标志着这家亚洲最大的火柴生产企业彻底破产。该公司始建于 1912 年，时任"中华民国"代总统的冯国璋以四万元现洋入股公司，该公司的创立改写了国人依赖洋火的历史。然而，如今打火机和电子打火器成为火柴的替代品，百年品牌"泊头火柴"不得不成为历史。现在除了酒店等场所的极少量需求外，火柴基本退出商业舞台。

同样是在 2012 年，百年企业柯达也申请了破产保护。随着数码技术取代胶片技术的产业变迁，再辉煌的企业也得转型或者落幕。

5. 潜力市场，难以突破

上海一家生产新型石材背胶的企业，其产品很有技术优势。使用传统背胶在施工时需要先将背胶铲除，增加了劳动工时；经常会出现石材破损，导致成本上升；铲除背胶后的石材，施工后容易产生"发花"（由于墙体潮湿在石材表面形成水纹）现象，影响美观。但该企业生产的新型背胶，不需要施工前铲除，节省了工时，减少了破损和"发花"现象，给装饰企业带来的价值非常明显，但成本要比传统背胶每平方米高出 5 到 10 元。显然，这是一款性价比非常高的产品。接下来，就是如何将这么好的产品推向市场。该企业参加各种专业展会，在专业论坛上推介，在专业期刊和网站上做广告，打造样板工程，把能想到的推广手段都用了一个遍，但销量却一直没有提升。

6. 高手如林，拾遗补阙

武汉一家新创立的房地产企业，在万科、万达、恒大这些大企业面前，毫无竞争优势可言，所以它需要避开锋芒，在夹缝中谋求生存空间。它开发的地块要么面积小，要么地段偏，都是大企业看不上的项目。这类项目开发难度很大，面积小并不意味着复杂度低，地段偏需要更强的项目运作能力。

在巨大压力和挑战之下，这家企业逐步总结出丰富的经验，也具备了一定的实力基础。它开始尝试进入主流市场，与大企业展开竞争，几次交锋之后碰得头破血流，又被迫退回原来的市场。面对高手如林的竞争格局，它不甘心只充当市场的配角，却又找不到逆袭的机会。

7. 追兵围城，岌岌可危

　　皇明集团成立于 1995 年，在太阳能热水器市场上一直遥遥领先。到了 2009 年，它的竞争对手日出东方首次在销售额上超越了它。尽管皇明集团在品牌价值上要高于日出东方，但竞争对手已经近在咫尺，随时有可能被全面超越，其领先地位岌岌可危。太阳能热水器市场是一个充满变数的市场。当时的市场规模有 600 亿元，而国内销量超过 10 亿元的企业只有四家，市场集中度很低。未来谁能成为太阳能热水器市场的真正领导者，仍很难定论。皇明集团面对这种竞争态势，必须做出准确的判断和改变，才可能夺回自己的市场地位。

　　这七种情形，并非对企业案例的简单观察和罗列，它们之间存在着递进关系。第一种情形，代表着企业从没有战略到建立战略；第二、三、四种情形，代表着企业原有战略已经封顶，不得不变；第五种情形，代表企业创新求变，但变不过去；第六种情形，代表企业求变，但在新领域不懂如何以小博大；第七种情形，代表企业取得了领先地位，但不知如何捍卫和保持。

三、如何识别组织拐点

突破了战略拐点，组织拐点才会出现。如果企业遭遇了战略拐点，却始终难以突破，会引发组织上的并发症。这种情况下，即使组织上的问题真实存在，也是由于战略问题引发的，是结果而不是原因。只有排除了战略拐点的可能性，并出现了下列五种情形，才可以识别为组织拐点。

1. 挑战个人极限

在创业初期，企业家亲力亲为是再自然不过的事了，企业家经常既当采购员，又当销售员、库管员。但随着企业的扩张，业务量越来越大，员工越来越多，每天需要处理的事情千头万绪，这就对企业家精力和能力的极限形成挑战。

某企业老板每天一到办公室，外面就排起长队，这些都是来请示、汇报和让他签字的员工。员工的椅子背上经常有一些毛毯搭在上面，这是干什么用的呢？原来，有时候老板白天在外面办事，傍晚才来办公室，排在队伍后面的员工可能前半夜都轮不到见老板，就干脆拿个毛毯在办公室边休息边排队。这位老板也感到非常疲惫，每天签批报销单据都到后半夜。老板的精力和能力已经发挥到了极限，但是他不敢休假，甚至不敢生病，因为公司离开他就会停摆。

2. 上下责任错位

管理者总是希望员工能够把自己期望的事情做好。但有时候管理者无法得到自己预期的结果，却又没有理由去责备员工，因为员工已经尽力履行了自己的职责。

某科技企业为了集约人才，按专业组建了多个技术部门。企业通常会有很多研发项目在同步推进。因为每个项目几乎都会涉及某个专业，所以这个专业的技术人员需要同时面对多个项目。从高层管理者角度看，项目有轻重缓急，但从技术人员角度看，只要全心全意做好本职工作就算尽责了。其结果是高层管理者着急的项目迟迟做不完，技术人员却把精力投放在了其他项目上。高层管理者关心的责任是项目维度的，而技术人员责任担当是技术专业维度，这种情况就是责任向下分层传导时，出现了维度不一致。

3. 破坏制度权威

企业在扩张的过程中，各职能部门、各业务体系也在发展壮大，有的部门或体系自恃在企业中不可或缺的作用，不把制度规则放在眼里，破坏制度权威。

河南一家上市企业，其海外事业部是企业内最强势的部门。有一次，海外事业部的员工没有事先按照企业的流程进行申报，就自行购买了一台笔记本电脑。在报销时，财务部门以不符合流程为由拒绝报销。海外事业部的王总认为财务部门不给自己面子，难为自己的兄弟，于是与财务经理发生争吵。最后，事情闹到了老板那里，老板处理起来也很为难。按制度规定，财务经理的做法是正确的，但老板又不得不照顾王总的面子和情绪，最后只好用"下不为例"这种和稀泥的方式来收场。

海外事业部为什么这么强势？原来，这个部门是王总一手筹建和发展起来的，海外的客户资源都掌握在王总的手里。王总平时对部门员工非常关照，甚至为了维护员工的个人利益，不惜违反公司的制度。他的这种做法对企业来讲是不利的，但他团队的员工却对他感恩戴德、言听计从、忠心不二。凭借着对海外客户资源的把控和一帮"忠诚"下属的支持，王总开始在企业里趾高气扬起来，经常不遵守企业的制度规则。老板曾经向海外事业部安插新人，尝试打开这个封闭的团队，但派去的人都被王总以各种理由给清除出来。老板为了维持海外市场的经营业绩，稳定整个企业的大局，只能选择忍让和迁就。

4. 缺乏战略指向

组织跟随战略，是美国著名企业史学家钱德勒提出的重要观点，但是很多企业的组织结构与战略之间并没有什么关系。比如房地产企业，通常会设置土地投资、规划设计、工程管理、成本管理、营销管理等部门，这些部门具有开展业务所必需的职能。调研发现，有很多中小房地产企业，组织结构的相似度非常高。这是因为它们的战略高度一致吗？显然不是。这些企业面向的客户不一样，有成功人士、有职场精英、有老年人、有年轻人……它们的主打产品不一样，有做高端别墅的、有做花园洋房的、有做普通住宅的、有做保障房的……它们的竞争要素也不一样，有的靠营销、有的靠品质、有的靠成本、有的靠速度……如果组织跟随战略，那么一定会有不同的组织结构来支撑不同企业的战略。但是它们通过互相模仿、借鉴，采用了非常接近、仅能满足开展业务基本需求的组织结构。这只能说明，它们的组织结构缺乏战略指向，没有与战略建立起支撑关系。

5. 人才不再自燃

日本"经营之圣"稻盛和夫将员工划分为三类：一类是能够自主燃烧的自燃型；一类是需要被点燃的可燃型；还有一类就是不管怎样都无法燃烧的不燃型。通常来讲，一个企业里，会有少部分员工属于自燃型，工作积极主动，充满激情；多数员工属于可燃型，需要企业设计有效的激励机制，诱导他们努力工作；也可能会有极少数员工属于不燃型，无论采取什么样的激励措施都不为所动。需要重点观察的，是自燃型员工，他们的工作热情并非来自于激励措施，而是一种本能状态。如果他们的工作热情开始降低，那一定不是人才激励措施的问题，而是更深层次的问题，即组织问题。职责分工不合理、流程不合理、分权不合理等，都会形成束缚和羁绊，让自燃型员工束手束脚，无法施展才能，积极性受到极大抑制。当自燃型员工都不再"燃烧"，说明组织问题已经恶化到了非常严重的程度。

这五种情形代表了不同的角度。第一种情形，代表企业需要从个人化管理到组织化管理的转变，迈过这一步，才有必要去探讨组织方式问题；第二种情形，代表业务发展带来的管理复杂度要求组织方式必须做出切换；第三种情形，代表企业扩张带来的管控风险要求组织在管控机制上必须做出改变；第四种情形，代表企业战略要求组织必须做出改变；第五种情形，代表组织问题长期积累在人才方面的综合反映。

四、如何识别人才拐点

突破了战略拐点和组织拐点，人才拐点才会凸显。如果企业遭遇了战略拐点或组织拐点，却始终难以突破，就会引发人力资源管理上的并发症。这种情况下，即使人力资源管理上的问题真实存在，也是由于战略或组织问题引发的，是结果而不是原因。只有排除了战略拐点和组织拐点的可能性，并出现了下列四种情形，才可以识别为人才拐点。

1. 能力断层

能力断层是企业现有员工无法满足业务要求，而新的人才又引不进来所形成的业务要求与能力水平上的脱节。造成能力断层有三种典型情况。一是业务快速扩张或升级，使原有员工的能力水平不再适应新的要求。比如创业阶段的"万金油"型人才，就不能满足企业战略型成长阶段的职业化、专业化的要求。二是业务转型进入了新的业务领域，所需要人才的能力水平和专业方向，与原有员工差异很大。比如某传统食品生产企业，筹划进入电子商务领域，但原有员工都不了解这个领域，需要全部从市场上招聘人才。三是企业家或高层管理者与下级员工之间学习成长速度不同，造成能力有落差。企业家或高层管理者接触的外界信息和学习机会比较多，而下级员工更多忙于具体事务，学习机会较少，并且本来不同管理层级，在经验和能力水平上就有差距，结果是上下级能力落差越来越大，上级管理者对下级员工的业绩表现越来越不满意。

2. 南橘北枳

很多企业出现了人才能力断层，其应对的举措就是从外部引进人才。但是人才落地并非易事，经常出现"南橘北枳"的现象。

从外部招聘的人才，大多来自于更规范、更有名气的企业，并且进入新企业后处于较高的职位。他们入职后，企业家对他们充满期望，希望他们能给企业带来改变，推动企业上一个台阶。但期望往往最终变成失望，这些在原来企业做得非常好的人才，到新企业之后就像变了一个人一样，根本没有想象中那么能干。而这些人才也有心理落差，他们之所以从原来的企业跳槽出来，除了以多年积累的经验兑现更高的薪酬之外，还希望找一个新舞台能让自己大展身手，实现自身价值。但到了新企业后，他们会感觉很多方面不如人意：企业家对自己不够信任，团队其他成员对自己的工作支持力度不够，企业管理混乱，难以开展工作……于是，一开始的激情在现实中被逐渐消磨，直至心灰意冷。

3. 逆向流动

经常有企业家说，自己的企业是行业里的"黄埔军校"，为行业培养了很多人才。在这份表面的"荣耀"里，其实埋藏着伤痛。企业付出财务成本和时间成本将员工培养成专业人才，成才之后他们并没有选择继续服务企业，而是跳槽到竞争对手那里。有能力的员工想离开，能力不足的员工想留下，这种人才的流向与企业的期望正好相反。

一家地处偏远的企业，由于当地人才匮乏，老板曾想从外地引进高端人才，但由于地理位置偏远没人愿意来，企业只能靠培养本地化人才的方式来支撑企业发展。老板大胆起用年轻人，虽然他们经验不足，企业需要为此承担很多试错成本，但老板认为这是值得的，就当为这些年轻人交学费了。他满心期待这些年轻人尽快成为企业的中流砥柱。但是，这些人才刚刚成熟，能够独当一面的时候，就纷纷离职去了其他企业，老板为此伤透了心。

4. 专而无用

企业家和管理者越来越重视人力资源管理，不惜重金引进专业管理人员，提高人力资源管理的水平。专业的人力资源管理者，经常会发现企业家或主管上级虽然重视人力资源管理，但是他们的人力资源管理知识比较欠缺，对很多专业概念和工具一知半解，对自己制定的管理制度或方案提不出专业意见。于是他们就容易沉浸在自己的专业水准里，不断编制出所谓专业的制度、流程和方案，好像这样就能够提高企业的人力资源管理水平。某家企业的人力资源经理，花了很多精力，将员工从入职到离职的全过程划分为 46 个环节，制定了 46 个流程，非常专业和规范，他对此沾沾自喜。但是老板没过多久就辞退了他，老板虽然不懂人力资源的专业概念和工具，但他能够判断你做的专业工作是否产生效果。如果没有效果，即使你做得再专业，也是没有意义的。

以上这四种情形，体现了企业人才问题不断恶化的过程。"能力断层"是逻辑起点，因为能力不足所以要引进人才，但可能会遭遇"南橘北枳"的困境；外部人才引进受阻，内部人才再出现"逆向流动"，企业的人才危机日益加重；为了解决人才问题，必须提高人力资源管理的专业水平，却又陷入"专而无用"的困境。

五、如何识别运营拐点

突破了战略拐点、组织拐点和人才拐点，运营拐点才会突出。如果企业遭遇了战略拐点、组织拐点或人才拐点，却始终难以突破，会引发运营管理上的并发症。这种情况下，即使运营管理上的问题真实存在，也是由于战略、组织或人才问题引发的，是结果而不是原因。只有排除了战略拐点、组织拐点和人才拐点的可能性，并出现了下列四种情形，才可以识别为运营拐点。

1. 有目标没计划

一些企业家和管理者，对目标和计划在概念和理解上分不开，以为两者是一回事，当你问他有没有计划，他回答你的却是目标。我在某企业调研时，需要了解企业下一年的计划，总经理拿给我一份表格，里面是年度目标和季度目标。我向他解释，目标是企业在未来某一个时点所要达到的状态，计划是实现目标的路径。他说季度目标就代表实现年度目标的路径。

也有一些企业，用预算代替目标和计划。有一家企业，每年年底都会做下一年的预算，我向该企业管理者收集目标和计划的资料，他们说只有预算表，里面已经包含着目标。一般来讲，实现同一个目标，路径可能会有很多条，不同的路径对资源需求可能完全不同。如果路径不清晰，预算是很难做准确的，很可能造成资源的错配和浪费。

只有目标，没有计划，或将目标直接分解成阶段目标并将其当作计划，实际上就是"以包代管"，不利于目标的落地。

2. 责任追溯不清

当目标制定出来之后，需要将责任落实下去，但是在企业经营过程中，经常会出现责任越来越难以追溯的现象。具体表现有两种，一是责任空转，二是责任逃脱。

责任空转

在某企业的经营分析会上，争吵声不绝于耳。

工程部经理：本月施工计划之所以没有完成，是因为材料供应不足，耽误了施工。

采购部经理：市场上的原材料充沛得很，之所以没有及时采购，是因为咱们付款不及时，供应商不允许我们再拖欠货款。

财务经理：公司的资金是提前计划好的，你们不提前报计划，怎么给你们付款？

采购部经理：计划不及时，也不是我们的原因，工程部提的需求就不准确，后来又调整了工程量，只能临时采购了。

工程部经理：采购部就是为施工现场提供"弹药"的，是你们的服务水平不到位！

……

责任就像皮球一样，由工程部经理踢出去，转一圈又被踢回来。如此反复，好像谁都有理由，谁都没有做错，但问题就是得不到真正解决。

责任逃脱

一些企业通过签订目标责任书的形式，把责任明确落实到人头上，为了表示责任落实的严肃性，还举行隆重的签字仪式。但是到年底却发现，本来清晰的目标责任书已经变成了一张废纸。年初的组织结构、责任分工、管理权限、经营条件等，在一年当中发生了很多变化，责任人有充分的理由为自己开脱，目标没有完成不是自己的原因。

3. 绩效本末倒挂

绩效本末倒挂有两种表现，一是纵向倒挂，二是横向倒挂。

纵向倒挂

纵向倒挂，是指员工个人考核得分都很高，企业整体业绩却不理想的现象。人力资源部设计了非常"专业"的绩效考核方案，无论操作流程，还是工具表单，都逻辑严谨，无懈可击。业务部门的经理严格执行绩效考核方案，为员工设计考核指标、按时考核评分、按要求做绩效反馈。一切看上去都非常规范、专业，人力资源部和业务部门为此也投入了大量的时间和精力。但是从考核结果上看，员工和企业变成了两张皮，员工绩效得分很高，却没有带来企业整体的高绩效。

横向倒挂

横向倒挂，是指职能部门员工考核得分高于业务部门员工。业务部门员工处于市场一线，承担着业务指标的压力和挑战，由于市场的不确定性，其绩效得分的波动性很大；职能部门员工远离市场一线，不承担业务指标，职责明确而稳定，只要按要求履职，其绩效得分就比较高。结果就出现了不承担业务指标的职能部门员工，整体绩效高于承担业务指标的业务部门员工，按照绩效得分来评选的优秀员工，往往会出自职能部门。

4. 纠偏流于形式

运营管理是一个过程，其中关键之一是纠偏。很多企业运营纠偏的主要形式是召开运营分析会议，但是会议往往流于形式，并没有发挥出纠偏的效果。

有的企业将运营分析会开成了信息沟通会。会议上各部门、各业务单元就各自工作完成情况和下一阶段推进计划，依次做汇报。管理者对各部门、各业务单元的情况做一个全面了解，各部门、各业务单元之间互相了解之后，会议就结束了。

有的企业将运营分析会开成了责任推脱会。就像前文中讲到的"责任空转"，运营中出了问题，各部门不是分析问题的真正原因，而是互相推脱责任，将责任归因于外部因素，导致在内部运营上没有任何改进。

有的企业将运营分析会开成了长官意志会。企业家或高层管理者，将经营分析会当成了指令发布会，不给各部门、各业务单位发言的机会，只要求他们接受指令，落地执行就可以了。

有的企业将经营分析会开成了兄弟见面会。平时各部门、各业务单位负责人很难聚到一起，经营分析会定期为大家提供了见面交流、联络感情的机会，会上是否解决问题不重要，会后聚餐喝酒才重要。

这样的经营分析会，没有触及运营管理的核心问题，导致运营纠偏流于形式。

以上这四种情形，体现了运营管理的四类问题："有目标没计划"的问题出在战略目标转化传导上；"责任追溯不清"的问题出在组织分工对责任的承接上；"绩效本末倒挂"的问题出在组织绩效与个人绩效的贯通上；"纠偏流于形式"的问题出在运营管理流程本身。

六、如何识别文化拐点

企业在突破战略、组织、人才、运营这四个拐点当中的某一个时，都有可能出现一种情况，那就是只有改变现有的文化理念，建立新的文化理念体系，才有可能突破相应的拐点。这说明企业遇到的发展问题，不是在战略、组织、人才、运营本身层面上能够解决的，而是要升维到文化层面，才能找到解决路径。

文化拐点与前面四个拐点相伴相生，除了从四个拐点追根溯源来识别文化拐点之外，还可以通过以下五种情形来识别文化拐点。

1. 价值偏好导致的战略封顶

企业家或核心管理团队的价值偏好，会形成企业战略成长的天花板。无论企业的业务如何转型、规模如何变化、客户如何调整、时间如何变迁，其战略的驱动模式都无法改变，或价值偏好造成的影响都无法消除。

联想集团早年两大核心人物柳传志和倪光南在公司的发展方向上存在严重的分歧。倪光南主张走技术路线，选择芯片为主攻方向；而柳传志主张发挥中国制造的成本优势，走贸易路线。最终柳传志胜出，造就了今天的联想。但"贸工技"（贸易——流通环节，工厂——生产环节，技术研究——科研环节）的战略路线，使联想丢失了技术基因。尽管 2001 年 4 月杨元庆正式掌管联想时，明确提出技术突围的口号，但多元化扩张，使得联想在各领域都铩羽而归。联想在收购 IBM 后，柳传志也公开提出："贸工技路线到现在已经告一段落，IBM 的技术正好可以弥补联想的短板……当初我们选择收购，主要是冲着 IBM 的笔记本去的。"然而，根据联想财报显示，其在研发方面的投入比例一直比较低，2006 年至 2015 年，其研发投入占比仅 2015 年超过 2.6%，其余年份一直在 1.9% 徘徊。联想十年的研发投入还不如华为 2015 年这一年的多。2015 年华为公司研发投入 596 亿元人民币，占销售收入的 15%。

企业家的价值偏好，造成了联想集团缺乏技术基因，这种影响至今无法消除。从 2015 年开始，联想集团的利润大幅下滑，靠收购兼并支撑业绩数据，但颓势明显。

2. 管理风格导致的效率衰减

企业的管理风格，与企业家或核心管理团队直接相关。管理风格可以分为命令式、教练式、支持式、授权式四种类型。命令式管理风格是指管理者拥有绝对权威，令行禁止；授权式管理风格是指管理者充分授权，给予下属自主发挥的余地；其他两种管理风格处于命令式和授权式之间。

命令式管理风格比较适合小企业快速成长阶段。因为其员工数量少，可以集权管理。而且为了应对外部变化和风险，它也需要有一个强势管理者快速决策和推动。授权式管理风格比较适合创新、创意业务领域的企业或进入稳定发展阶段的企业。因为创新、创意业务领域，需要发挥人才的自主性，而进入稳定发展阶段的企业，由于管理基础比较好，业务相对稳定，具备授权管理的条件。

任何一个企业，其源于企业家的管理风格都是比较稳定的。当企业从小企业快速成长阶段进入稳定发展阶段，或者是转型到创新、创意业务领域，管理风格也应该做出改变。但是，这只是一个理论上的推论，实际上企业家的管理风格非常难改变。随着企业的成长，企业家既定的管理风格总有一天不再适应企业的发展阶段。在这种情况下，除非企业家退出日常运营管理，换合适的人来接替，否则必然会降低管理效率，进而影响企业的发展。

3. 例外问题导致的"对对之争"

企业成长的过程，就是不断出现新矛盾、新例外的过程。当新矛盾、新例外出现，因为没有可参照的历史依据，可能会出现"对对之争"，即矛盾双方都从自己的立场出发，坚持自认为"对"的观点，结果谁也说服不了谁。

万科在从深圳一个区域性的房地产开发企业向全国扩张的过程中，

在人事处理上遇到了一次难题。其上海分部有一个项目要开盘，但当地的销售经理与销售主管由于工作思路不同发生了冲突。销售经理是从深圳总部派驻到上海的老员工，他为了保障项目开盘成功，一气之下把销售主管辞退了。没想到，销售主管不接受辞退的处理，他认为这违反了企业的制度规定：辞退员工之前必须先为员工调岗，如果调岗后员工仍不能胜任，经工会确认后才能辞退。于是，他第二天到深圳总部申诉。销售经理听说销售主管到总部告状，放话说如果总部留下这名销售主管，他就辞职，因为他是从企业利益的角度出发，为了保障项目开盘成功才这样做的。一方认为自己在维护公司利益，一方认为自己在捍卫制度权威，双方都认为自己是"对"的。这种矛盾在万科的发展历史上从来没有遇到过，必须确立新的对错标准，才能够做出评判。

4. 有违公德导致的舆论危机

企业作为社会的组成部分，一定会受到社会主流价值观和道德标准的约束。如果企业行为与社会价值观相冲突，就会给企业带来舆论危机，处理不当后果不堪设想。"魏则西事件"就把百度推到了风口浪尖之上。魏则西是西安电子科技大学的学生，体检得知罹患滑膜肉瘤，病情已进入晚期，他通过百度搜索得知武警北京总队第二医院能治疗此病。魏则西在此医院先后接受了 4 次治疗，花费了 20 多万元，病情却没有好转。魏则西在一则题为"你认为人性最大的恶是什么？"的帖子里，写了这样的文字："百度，当时根本不知道有多么邪恶，医学信息的竞价排名，还有之前血友病吧的事情，应该都明白它是怎么一个东西。"魏则西去世后，作为对此事件的回应，百度以违反职业道德为由将主导搜索营销业务的副总裁王湛辞退。百度董事长兼CEO（首席执行官）李彦宏罕见地以创始人身份就百度价值观和商业模式做出表态，写了一篇《勿忘初心，不负梦想》的内部信，提出要重新审视公司的商业模式，就算牺牲收入也在所不惜。

与百度形成鲜明对比的是谷歌，在著名的谷歌"十诫"中，有一条是"赚钱不必作恶"。它的解释是这样的：除非广告内容与搜索结果页的内容相关，否则，就不能出现在我们的搜索结果页上……我们绝对不会通过操纵排名的方式，将我们的合作伙伴放在搜索结果中排名靠前的位置。另外，也没有任何人可以购买到更高的 Page Rank（页面排名）。我们的用户信任谷歌的客观性，我们绝不会为任何短期利益去破坏这份信任。

实际上，这个戒条也是谷歌付出了高昂代价之后得来的。2011年，美国联邦调查局发现谷歌存在网络药品虚假广告问题，谷歌被罚5亿美元。当年，谷歌的净利润约为97.4亿美元，罚款占了当年净利润的5%。为了长远利益和声誉，谷歌明确提出"不作恶"的戒条。

5. 表里不一导致的文化失信

文化管理是一个体系，文化理念需要通过制度规则、物化形象，传递到员工的内心，影响员工的认知，最终转化为员工的行为。但是很多企业倡导的文化理念与制度规则、物化形象不一致，导致文化失信。员工即使不公开反对，内心也不会认同，更不可能转化为行动。

有的企业倡导创新，却在成本费用方面严加控制，使研发技术团队不愿做出创新尝试，因为创新是个试错过程，会导致成本费用上升，影响个人利益；有的企业倡导合作，却过度强调个人绩效考核，使员工疲于应对个人业绩指标，而对团队协作漠不关心；有的企业倡导诚信，却让员工去做欺骗客户、欺骗供应商的事。这些企业倡导的理念只停留在口号上，并没有落实到制度规则中。

以上这五种情形，前两种是企业家或核心管理团队的个性特征对企业文化和企业发展带来的影响。价值偏好会影响企业的战略取舍，进而形成战略成长的天花板；管理风格会影响企业在组织、人才和运营方面的设计安排，进而限制企业运行效率的提升。第三、四种情形，是由企业成长导致的。第三种是企业内部出现了前所未有的冲突矛盾，需要新的文化理念去评判和解决；第四种是企业外部出现了与社会主流价值观和道德标准的冲突矛盾，需要调整企业的文化理念去协调和适应。第五种情形是企业文化管理体系出了问题，使企业的理念诉求无法通过制度规则和物化形象充分地传导出来，造成员工对文化的怀疑和抵触。

知识点延伸：
知识经济特征下的拐点识别

知识经济特征下的拐点识别，与传统经济特征下的拐点识别进行对比，相同之处是各拐点的症状表现，差异之处是各拐点的排查次序。

传统经济特征下的拐点识别，排查次序是从战略拐点开始的。无论企业存在什么样的症状，即使这些症状与组织、人才、运营直接相关，也不能直接得出组织拐点、人才拐点、运营拐点的结论，而是要首先排查战略拐点。如果是战略拐点，还需要判断是否存在伴生的文化拐点，其他症状都是战略拐点或伴生的文化拐点所诱发的并发症而已。

如果不是战略拐点，接下来要排查组织拐点。即使企业存在的症状与人才、运营直接相关，也不能直接得出人才拐点、运营拐点的结论。如果是组织拐点，还需要判断是否存在伴生的文化拐点，其他症状都是组织拐点或伴生的文化拐点所诱发的并发症而已。

如果不是组织拐点，接下来要排查人才拐点。即使企业存在的症状与运营直接相关，也不能直接得出运营拐点的结论。如果是人才拐点，还需要判断是否存在伴生的文化拐点，其他症状都是人才拐点或伴生的文化拐点所诱发的并发症而已。

如果不是人才拐点，接下来要排查运营拐点。如果是运营拐点，还需要判断是否存在伴生的文化拐点。如果不是运营拐点，那么企业的战略、组织、人才、运营、文化五个部分就处于均衡状态，不存在成长拐点。

知识经济特征下的拐点识别，排查次序是从人才拐点开始的。无论企业存在什么样的症状，即使这些症状与战略、组织、运营直接相关，也不能直接得出战略拐点、组织拐点、运营拐点的结论，而是要首先排查人才拐点。如果是人才拐点，还需要判断是否存在伴生的文化拐点，其他症状都是人才拐点或伴生的文化拐点所诱发的并发症而已。

如果不是人才拐点，接下来要排查运营拐点。即使企业存在的症状与战略、组织直接相关，也不能直接得出战略拐点、组织拐点的结论。如果是运营拐点，还需要判断是否存在伴生的文化拐点，其他症状都是运营拐点或伴生的文化拐点所诱发的并发症而已。

如果不是运营拐点，接下来要排查战略拐点。即使企业存在的症状与组织直接相关，也不能直接得出组织拐点的结论。如果是战略拐点，还需要判断是否存在伴生的文化拐点，其他症状都是战略拐点或伴生的文化拐点所诱发的并发症而已。

如果不是战略拐点，接下来要排查组织拐点。如果是组织拐点，还需要判断是否存在伴生的文化拐点。如果不是组织拐点，那么企业的战略、组织、人才、运营、文化五个部分就处于均衡状态，不存在成长拐点。

第四章
如何突破战略拐点

企业问题有两种解决方法，一种是"症状解"，另一种是"根本解"。只有看到事物的全局和本质，才能找到问题的"根本解"，从而整体地、长远地解决问题。

——麻省理工学院教授

彼得·圣吉

　　识别出企业遭遇的成长拐点，使管理者能够准确地定位到问题根源，抓住企业发展的关键。接下来，就是要找到有效的突破路径，将企业带入新的成长空间。尽管每家企业都有各不相同的背景和状况，但是突破拐点仍有规律可循。我根据大量的企业案例和观察实践，提炼出了各拐点突破的基本逻辑和步骤，以便管理者结合自身企业的特点来借鉴和运用。

　　识别拐点是一个从总到分的过程。我们从企业总体的症状入手，逐步排查，找到个别拐点之所在。针对个别拐点寻求突破路径，不能孤立地去思考和看待，还要完成从分到总的过程。对于一个特定的企业，其面临的环境和条件是具体的，甚至是不可改变的，当某一个拐点的突破路径无法实现时，管理者必须从企业总体角度进行取舍，通过调整其他拐点的状态来实现相对最优的匹配。比如我们判定一家企业遭遇了人才拐点，但是人才现状出于种种原因无法改变，我们必须从企业总体角度出发，通过调整战略、组织、运营、文化等方面，来实现相对最优匹配。

　　从识别拐点，到突破拐点，是一个从总到分，再从分到总的过程。

这个过程考验的是企业家和管理者对企业的系统思考和驾驭能力。尽管本章侧重于从"分"的角度逐一阐述各拐点的突破路径，但希望企业家和管理者在借鉴和运用时，务必从"总"的角度进行考量和把握。

在企业遭遇战略拐点的七种情形中，都需要找到相应的突破路径。第一种情形，需要学习和构建基本的战略理论框架，确立战略理性；第二、三、四种情形，需要站在更宽广的视角，开辟新的战略领域；第五种情形，需要为新市场搭载新的商业模式；第六种情形，需要找到以小博大的出路；第七种情形，需要找到持续领先的逻辑。

最后两种情形最为复杂和普遍，其在突破路径上能够覆盖前面五种情形。所以我们重点探讨"弱势企业如何以小博大"和"优势企业如何持续领先"。

一、弱势企业如何以小博大

绝大部分行业，当你开始关注或者进入的时候，都已经竞争激烈，高手如林。那些新进入者，或者处于弱势的在位者，如何才能实现以小博大的逆袭？这需要做好六个步骤的工作。

1. 拓展视野

没有宽广的视野，就无法发现真正有价值的机会。企业家和管理者需要从四个方面去拓展自己的战略视野。

第一方面是产业链

企业家应该脱离自身企业的具体业务，将眼光放到整条产业链的扫描。从产业链的起始端到最终消费端，包括哪些环节？每个环节领域的市场竞争格局是什么样的？每个环节领域的竞争要素有哪些？产业演进的趋势是什么？

理论点睛：产业链的四种业态

任何产业从诞生到消亡，都是有其基本规律的。一般来说，都要经历四种业态，分别为超前业态、畸形业态、重组业态和规范业态（见图1）。这四种业态是依次演进而来的，每演进一遍代表产业的一次轮回，其演进过程推动着产业一次次的升级或转型。

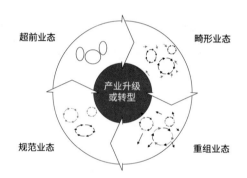

图1 产业链的四种业态

（1）超前业态：第一台汽车在嘲笑中诞生

新产业不是横空出世的，往往是依托旧产业的某些技术创新，或者基于客户需求转移导致的新市场逐步演化而来的。

以汽车产业为例：1886年，戴姆勒将发动机装在一辆由美国制造的四轮马车上，这辆车被公认为是世界上第一辆真正的汽车。它的发明依托的就是汽油机的技术创新。这种四轮车一开始并不叫汽车，而被称为"无马马车"。因为当时的旧产业是马车，人们仍习惯性地把这种新产品归类到旧产业范畴之内。

某项技术创新开启了一个新产业，这种萌芽状态被称为"超前业态"，它有三个显著特点：

第一，技术创新或需求演变是新产业萌芽的推手；

第二，参与市场竞争的企业很少，现有企业产品的市场占有率较高；

第三，每家企业都采用小而全的运作方式，必须从头到尾设计和生产出完整的产品，外部配套还极不完善。

（2）畸形业态：产业蓬勃发展，企业哀鸿遍野

超前业态的企业如果"出师未捷"，意味着新产业还需要更长的时间培育和引导。如果这些企业获得了快速成长，意味着新市场已经被引导出来，即将进入蓬勃发展阶段。新产业的前景吸引大量企业蜂拥而至，形成混战，导致这个阶段出现了一种奇怪的现象：产业总量在快速增长，但企业的利润率却不断降低，呈现出小、散、乱、差之象。这种产业状态称为"畸形业态"。

仍以汽车产业为例：德国人发明汽车之后，美国人推动了汽车的产业化。在美国，短时间内就涌现出上千家汽车公司。但是到了1900年，其幸存下来的汽车公司只剩下50多家，共生产了大约4000辆汽车。在这场混乱的竞争中，以生产其他产品闻名的企业纷纷跨行而入，其中包括波普自行车制造厂、皮尔斯鸟笼厂、无双绞衣机厂、别克浴缸厂和怀特缝纫机厂等。

一个朝气蓬勃的产业，为什么会有很多企业活不下去，被迫退出

这个市场呢？根本的原因就是同质化竞争。爆发性的市场，大量企业同时涌入，使原先那些超前业态下的先行者的优势瞬间瓦解，先行者尚未有足够的时间来建立绝对的优势或壁垒，新进入者就开始大肆模仿，所以这些企业的起点都差不多，所依托的技术和资源都是相同的，很难在短时间内拉开差距。为了争夺生存空间，企业间必然会打价格战，利润被一步步摊薄。有的企业无法承受这样的微利甚至亏损，就只能退出市场了。所以，我们看到的是产业蓬勃发展，而企业却一片哀鸿的畸形景象。

（3）重组业态：完整产业链的竞争

同质化竞争带来的压力，迫使企业不断追求效率，专业化分工成为企业提升效率的必然选择。

对汽车产业而言，当米其林开始专业造轮胎，当博世开始专业造底盘，当伟世通开始专业造汽车空调，当李尔公司开始专业造座椅，当奥托立夫开始专业造电子安全系统，当海拉集团开始专业造汽车照明产品，作为一个整车厂商，不得不考虑是自己做轮胎，还是买米其林的轮胎？是自己造座椅，还是买李尔公司的座椅？是自己造车灯，还是买海拉集团的车灯？在竞争白热化的状态下，为了提高效率，企业要放弃小而全的业务模式，采取与外界分工合作。也就是说，专业化分工不是主观选择，不是你愿不愿意的问题，而是竞争压力达到一定程度之时的必然选择。

当专业分工瓦解了封闭的产业链之后，产业结构就具备了重组的条件。企业需要选择做自己擅长的事，而将自己不擅长的事交由别人去做，通过开放合作，形成更强的竞争力，这就势必形成产业链的整体竞争，而不是一个个企业的单打独斗。这种产业状态称为"重组业态"。

通用汽车就是在重组业态之下，通过并购整合形成产业链的竞争力而发展起来的。1908年9月，杜兰特成立通用汽车，以375万美元收购了别克公司。接下来，杜兰特以通用汽车为主体，并购了包括凯迪拉克、奥兹莫比尔、奥克兰在内的20多家汽车制造厂、配件厂和销售公司。截至2009年，通用汽车共有7大分部，即GMC商用车分部、凯迪拉克分部、别克分部、雪佛兰分部、庞蒂亚克分部、奥兹莫比尔分部和土星分部。其中只有土星分部是通用汽车在1985年为抵御外国轿车大规模进入美国市场而决定建立的，这是通用汽车唯一从内部建立起来的公司，其他分部都是通过并购方式而组建的。通用汽车通过打造配件、整车、销售等产业链的整体能力，为其赢得美国汽车产业三大巨头之一的地位奠定了强有力的基础。

（4）规范业态：稳定产业孕育新力量

产业链竞争代表了产业竞争的更高形态，在产业链竞争和淘汰的过程中，会有少数链条最终胜出，形成寡头竞争的格局。也只有这样的产业结构，才能使产业秩序稳定下来。寡头之间谁也灭不了谁，为了不至于两败俱伤，寡头之间也会合作，共同维护产业秩序，捍卫自身的地位。这种产业状态称为"规范业态"。

规范业态下，格局已定，新进入者要想争得一席之地，将难上加难，但也并不代表没有任何改变的机会。美国汽车业的三大巨头通用、福特和克莱斯勒雄踞市场多年，根据《中国汽车工业年鉴》统计，1997 年美国三大汽车巨头的市场集中度高达 98.9%。在接下来的十年中，日本和韩国的汽车以独特的竞争优势进入美国市场，对美国的市场格局带来了巨大的冲击。2007 年 7 月，根据汽车市场研究公司 AutoData 发布的统计数据，通用、福特和克莱斯勒在美国汽车市场的占有率跌破 50%。

规范业态之后，产业格局有可能因为受到外部市场的冲击而改变，也可能被内部市场的创新者颠覆。成立于 2003 年的特斯拉，就是这样一个具有颠覆市场格局潜力的公司。这是一家生产和销售电动汽车及其零件的公司，只制造纯电动车，总部设在硅谷。特斯拉可能就是《连线》的创始主编凯文·凯利所说的那类公司："总有些东西，代表未来，代表创新，代表更多的可能……"它不但站在了汽车发动机系统从内燃机到混合动力再到纯电动力的趋势潮头，而且按照互联网思维，打磨出让消费者尖叫的产品，通过社区模式强化客户体验。尽管特斯拉目前的销量还很少，但它有可能颠覆美国汽车业三巨头和其他国外汽车品牌的既有地位。即使特斯拉失败了，类似于特斯拉的创新企业仍会层出不穷，扮演颠覆者的角色。

四大业态，依次演进，脱胎于旧产业，又孕育着新产业，循环往复，推动着商业文明的进步。一般来讲，任何产业都会经历这四大业态，但由于技术进步，四大业态的演化进程可能会加速，或在中途就孕育出新产业，使原产业的演化进程中止，直接被新产业所覆盖。

第二方面是竞争对手

与自身业务直接竞争和间接竞争的对手有哪些？主要竞争对手的战略模式是什么样的？主要竞争对手的长板和短板是什么？市场竞争格局中有几个阵营？现有阵营之外还有哪些机会？

第三方面是客户需求

客户的核心需求是什么？能否得到完整的满足？还有哪些需求被掩盖或忽略？是否有突破性创新引领客户需求的空间？

第四方面是资源能力

自身的资源能力有哪些？还可以整合到哪些资源和能力？这些资源能力可以延伸到新的业务领域吗？

关于资源能力的分析判断，有两个案例非常值得借鉴。

第一个案例是北汽福田。北汽福田的前身是 1989 年在山东诸城成立的一家国营机动车辆厂，该企业没什么高端技术，靠生产卷扬机、杀鸡用的脱毛机、纺织用的并条机等小打小闹地过日子。但当时的厂长王金玉不满足于这种状况，想用汽车的技术造农用车。为了得到一套价值 500 万美元的车身模具，他放弃法人资格，以 567 万元的账面净资产重组进北京汽车摩托车联合制造公司，企业因此更名为北汽摩公司诸城车辆厂。1996 年 10 月，他们生产的"像汽车的农用车"销量达到全国第一。就在同年，王金玉又开始梦想着造汽车。一个造农用车的公司，资金实力和技术实力都很弱，怎么可能造得了汽车？但它做到了，短短一年时间，该企业就生产了8个系列、46个品种的汽车，1997年其汽车市场占有率达到了12%，2004年达到了一汽用40年、二汽用30年完成的100万辆的生产纪录。

它是如何做到的呢？没有模具，王金玉就去找山东潍坊工模具总厂；没有车架，就找北京怀柔植保机械厂；没有柴油机，就找安徽全椒柴油机总厂……总之，缺什么，就到市场上找什么。但这些资源都是别人的，人家凭什么要给你用呢？王金玉想到了一招，就是让这些企业以产能作价，折算成股份，大家一起设立一个公司，共同造汽车。于是，北汽摩公司诸城车辆厂在1996年采取资产重组的方式联合其他99家法人单位，共同组建北汽福田汽车股份有限公司。这100家法人股东中，有55家主机配套厂、45家经销企业，分布于全国13个省、直辖市和自治区，这在当时被称作"百家法人造福田"。

这个案例打破了我们的一种通常认知，那就是战略选择必须在自身资源辐射的范围之内，否则再好的战略机会也不是你的企业该考虑的，只能望梅止渴。这个案例告诉我们，资源是一个开放的变量。企业在评估自身资源的时候，不应该只看静态的资源存量，还要看能够整合的动态的资源增量，这就大大扩展了企业战略选择的空间，让企业有机会从小池塘延伸到大池塘，甚至是海洋。

第二个案例是日本富士公司，它与美国的柯达都生产胶卷，属于同一个产业。2013 年 8 月 20 日，柯达宣布破产，但富士胶卷却实现了转型。自 2007 年开始，富士进入了貌似完全不搭界的化妆品领域，并一举获得成功，其产品以显著的抗衰老及内外兼修护理功能风靡日本。2011 年，其产品进入中国市场，开始走俏。富士的医疗保健业务（包括制药、化妆品及医疗设备业务）带来的营业收入已约占其整体营业收入的 20%，仅次于复印机和办公用品业务，正在成为其业绩增长的一个亮点。

富士公司为何能够成功地从胶卷产业延伸到化妆品产业呢？这要从富士的技术优势说起。从 2006 年开始，富士将自己原有的四个研究所——尖端核心技术研究所、有机合成化学研究所、先进打印材料研究所和生命科学研究所整合为"富士胶卷先进研究所"，并以此为创新基地，进行跨产业的技术研发。他们发现，为使胶卷更加优质，就需要将各种高分子化学成分在保持原有机能的状态下超微分子化，这样才能将其稳定在薄薄的胶卷中，这一原理和人体肌肤护理中"将必要成分充分地输送至肌肤需要的部位"别无二致。胶卷用来防止褪色的抗氧化技术，也是化妆品中不可或缺的一种技术。照片褪色和人体肌肤老化，都是活性氧造成的"氧化"现象导致的。于是，富士的业务延伸到化妆品领域也就顺理成章了。

富士的成功转型告诉我们另外一种思维，就是将自身核心资源能力在其他领域进行转移与应用。从表面上看，企业进入了完全不相关的领域，实际上其背后所立足的核心资源和能力是高度一致的。

2. 筛选机会

对于一个弱势企业来讲，真正有价值的机会，最好满足三个条件。

价值差异化

价值差异化是基础，弱势企业与优势企业竞争，必须避其锋芒，找到差异化的价值要素。我们通过对竞争对手的分析，能够判断对手提供了哪些价值要素和方式方法；通过客户需求分析，可以判断客户在哪些价值要素上尚未得到满足；通过对比，可以列出差异化价值要素清单。

转型壁垒高

并非所有的差异化价值都是有意义的，它们还必须满足竞争对手转型壁垒高的条件。什么是转型壁垒？至少包括三个方面。

第一，利益冲突。指竞争对手如果展开正面回击，会与其自身的盈利模式冲突，导致其利益受损。

奇虎360公司最早推出的产品是360安全卫士，用来查杀流氓软件，后来开始延伸进入杀毒领域。但是杀毒领域已经高手如林，金山、瑞星、卡巴斯基这些主要软件杀毒企业风头正劲，奇虎360如何才能找准自身的价值定位呢？其董事长周鸿祎做了一个大胆的决策，推出永久免费的杀毒服务，并且要在用户体验上超越竞争对手。这让竞争对手们陷入两难境地，如果与奇虎360竞争，也推出免费服务，它们的主要收入来源就没有了；如果不与奇虎360竞争，就会眼睁睁地看着自己的用户流失到奇虎 360 那里。

第二，同盟掣肘。指竞争对手已经与上下游合作伙伴结成了稳固的利益共同体，如果其展开正面回击，会伤害合作伙伴的利益。戴尔面对康柏、联想这些行业巨头，选择用低价、定制化、直销方式，为用户创造价值。康柏、联想这些企业，意识到了戴尔模式的杀伤力和所带来的威胁，但是很难转身应对。因为它们都是采用渠道销售模式，各级销售商与厂家形成了稳定的合作关系，整个链条上的参与者利益都是关联在一起的，牵一发而动全身。如果它们模仿戴尔转向直销，势必与渠道模式产生冲突，带来系统性风险。

第三，品牌定位。指竞争对手已经确立了非常鲜明的品牌定位，如果其展开正面回击，会使自己的品牌形象受到冲击。在一个市场领域，主流企业的品牌定位越清晰，就越会给其他企业留出空隙。比如 8848 手机，作为手机市场的新进入者，必须选择自己的品牌定位。它发现小米的定位是为学生或收入不高的年轻人提供高性价比的手机；华为的定位越来越向高端商务人士倾斜，提供高技术高价格的手机；OPPO 的定位是年轻人的拍照手机。这些企业都有清晰的品牌定位，8848 手机必须选择一个差异化的定位，于是定位为成功人士的第二件首饰。这样的品牌定位使其他企业无法与其直接竞争，因为直接竞争会与自身的品牌形象冲突。

产业颠覆性

产业颠覆性，一般是技术创新或基于技术的模式创新。比如汽油发动机的发明，使汽车颠覆了马车产业；无人驾驶技术的进步，会使智能汽车颠覆传统汽车产业；互联网和大数据技术，使网约车颠覆了传统的出租车产业。

第三个条件是一个非常难满足的条件，如果筛选的机会能够同时满足三个条件是最好的，即使第三个条件满足不了，也要满足前两个条件。

3. 打透市场

筛选机会，选准定位，定义出产品或服务的独特价值，并不代表客户就一定能够接受。很多企业的产品非常好，但是销量打不开，无法打透市场，问题往往出现在"价值不完整"上。企业从产品角度出发，认为自己的产品已经实现了承诺的价值，是一个完美的产品。但是客户需要的并不是产品本身，而是产品使用后带来的效用。

飞利浦曾经生产过一款电水壶，投放市场后，有顾客投诉说电水壶使用一段时间会产生水垢，用开水泡茶上面漂着一层白色物质，影响喝茶的心情。这个投诉起初并没有引起飞利浦管理层的关注，因为水垢的根源不是电水壶，而是水质不好，这与飞利浦无关。但是投诉越来越多，管理层开始重视起来，他们分析顾客需要的到底是什么？最后得出结论，顾客需要的完整价值是一杯清澈的热茶，而不是电水壶本身。如果飞利浦的产品只负责把水烧开，仅满足了顾客的部分价值，离完整价值还有一段距离。于是，飞利浦决定改造自己的产品，以便更好地实现顾客完整价值。产品改造方案很简单，就是在电水壶的壶嘴处加了一层滤网，将水垢挡在壶内。小小的产品改动，却体现了重要的思维转变。

前文提到的案例中，上海一家生产新型石材背胶的企业，其产品性价比很高，为什么没有销路呢？问题也出现在"价值不完整"上。石材企业要是采用它的背胶，成本上升，就必须上调价格，这会不会影响石材企业的销量呢？装饰企业采购这种石材尽管能带来很多好处，但是为了使用这种新材料，需要开发新的工法，需要培训工人，需要调整很多环节，并非把石材买来就完事了，谁来帮助装饰企业解决这些问题呢？这家新型背胶企业，最后站在客户的角度、客户的客户的角度、完整价值的角度，做了很多延伸的服务，才将产品成功推向市场。

4. 低调速行

为了开拓市场，弱势企业不得不做一些宣传推广工作，但整体上还是保持低调为宜。太高调，说得太多太远，相信的人很少，也容易提前唤醒对手，在自己实力还很弱小的时候，就被对手轻易消灭了。低调能够为自己争取成长的时间，在没人注意的情况下，快速壮大实力。即使有一天引起了对手的关注，自己也已经能够抵御风雨。

低调尽管为企业争取了时间，但企业仍需要加速成长。所以在企业发展过程中，注意"不要重新发明轮子"。北汽福田如果从头做起，可能就没有今天的北汽福田了。对于弱势企业来讲，只有充分吸收和利用已有的社会资源，缩短自身发展的进程，站在别人的肩膀上起跳，才可能与高手比肩。

弱势企业应尽量避免与竞争对手正面对抗。企业只要在成长，总有一天会暴露在对手面前，实力雄厚的对手有可能发起攻击。弱势企业如果正面对抗，会由于实力悬殊而元气大伤。企业最好能够避其锋芒，化解掉对手的进攻。

在美国的婴儿纸尿裤市场，宝洁公司的帮宝适一直占据主导地位。Drypers 公司是新进入者，它推出了物美价廉的婴儿纸尿裤。当它不断扩张自己的市场区域，开始进入得克萨斯州的时候，终于引起了宝洁的重视，宝洁开始强烈反击。宝洁公司平时为了促销，经常发放 75 美分的优惠券，为了打击 Drypers 公司，宝洁将优惠券面值提升到 2 美元。Drypers 公司是正面回击还是躲闪避让？权衡再三，它发布了一款广告，声明宝洁的优惠券对 Drypers 同样适用。结果在短短几周之内，Drypers 在当地的市场份额增长了 15%。它巧妙地化解了对手的进攻，宝洁的促销力度越大，对 Drypers 的业绩提升促进也越大，宝洁最后只好收手。

5. 封锁边界

低调速行是为了尽快抵达一个安全的战略"根据地"。在那里，企业可以把对手可能进攻的道路都封锁住，划定自己的边界。

"老干妈"是著名的调味酱品牌，其主打产品风味豆豉和鸡油辣椒有两个主要规格：210g 和 280g。其中 210g 定价 8 元左右，280g 定价 9 元左右（不同终端价格有一定差别），其他主要产品根据规格，定价多集中在 7~10 元区间。老干妈通过其产品品质与定价区间，封锁了竞争对手的可能进攻道路，建立了牢固的根据地。竞争对手如果生产同品质的产品，定价低于老干妈，就没有利润；定价与老干妈一致或高于老干妈，就没有市场。竞争对手若想生存，必须绕开老干妈的战略根据地，去开发新的产品和市场。

Costco（好市多）是美国最大的会员制仓储店，虽然其营业规模没有沃尔玛大，但客户单价和坪效比都是沃尔玛的 2 倍以上。Costco 主动将销售商品的利润压缩到几乎为零，会员费成为其利润主要来源，并且会员费的额度很低，其只有积累足够多的会员才能维持合理的利润。这样就构建了两个壁垒，一是商品销售不挣钱，二是具备足够的会员量。不能做到这两点的企业，无法与它竞争，Costco 以此为自己封锁了边界，将可能的竞争对手抵挡在外。

除此之外，如果有独创性的技术，并且有绝对壁垒性，也可以用来划定边界，不过这种情况较少，多数情况是技术领先竞争对手一段时间，如果停下脚步，竞争对手会很快迎头赶上。

6. 战略立位

封锁边界，可以使弱势企业在高手如林的市场里，建立一个属于自己的根据地。但是要想成为市场的主导者，决胜于未来，就必须以根据地为依托，向产业链要害环节迁移，谋求战略立位，掌控战略话语权。

产业链要害环节一般分布在产业微笑曲线的两端。产业微笑曲线是随着产业链分工而显化出来的。微笑曲线的左端是产业链的上游，主要指原材料、技术等环节；右端是产业链的下游，主要指营销和客户等环节；中间是产业链的中游，主要指生产制造等环节（见图2）。两端的附加价值高，中部附加价值低。企业要想掌控产业链的要害，提高话语权，就需要将战略根据地向左端或右端转移。

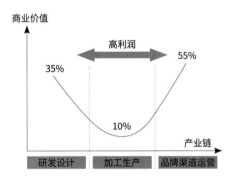

图2 产业微笑曲线示意图

小米公司为了在产业微笑曲线右端建立战略根据地，在吸引用户、凝聚用户、管理用户上可谓挖空心思。在小米公司对用户的精心运营之下，"米粉"们通过小米的产品而结识，通过各种活动而磨合，通过彼此的价值观认同而守望相助，像家人一样凝聚在一起。在这个过程中，小米公司不仅能够深刻理解"米粉"们对产品和服务的需求，甚至还能与"米粉"们在生活理念、价值观层面进行深度沟通。这让小米公司走进了用户的生活方式，甚至内心世界。在巩固"米粉"这个战略根据地之后，小米公司就可以不断延伸产品和服务，后向整合供应链，成为产业链的主导者。

华为公司是将战略根据地建立在产业微笑曲线左端的典型案例。尽管它一开始从代理设备起家，但其在技术上不断投入，形成了强大的技术储备和前沿探索能力。2014年，华为在技术研发上投入408亿元，占销售收入的14.2%；在华为17万名员工中，研发人员占到45%；从2005年到2014年，华为累计技术研发投入1900亿元。技术研发投入的直接体现是专利积累。2014年，中国公司在《专利合作条约》框架下共提交了25539件国际专利申请，其中华为申请的数量为3442件，超越日本松下，成为当年申请国际专利的冠军。持续的技术投入体现到产品中，就会使产品体验超出用户的预期，从而使企业赢得市场。以华为手机为例，根据IDG（美国国际数据集团）等知名市场研究机构数据，在2018年第二季度，华为首次跃升为全球第二大智能手机厂商。它与小米公司形成鲜明的对照，以立足产业微笑曲线左端为主导，小米公司以立足产业微笑曲线右端为主导。

从更长远的眼光来看，将战略根据地建立在产业微笑曲线左端，依靠技术上的突破性创新，有可能对现有产业带来颠覆性影响，重新定义产业。

二、优势企业如何持续领先

优势企业的所谓优势，是相对优势。在市场竞争中处于领先地位，并不代表格局已定，竞争对手有可能紧跟其后，随时超越。这样的优势企业如何甩开追兵，保持领先？这需要做好六个步骤。

1. 品牌占位

优势企业感到危机，往往是追兵迫近。为什么竞争对手能与自己靠得这么近？根源在于客户的选择。在客户的心目中，优势企业与竞争对手的区分度不大，甚至竞争对手对客户的吸引力更强，客户会因此选择竞争对手。此消彼长，竞争对手与优势企业的距离就越来越近。

在这种状况下，优势企业必须重新检讨和确立自己的品牌定位，在客户的心目中建立起与竞争对手不同的品牌形象。与竞争对手不同，并不是要细分市场，与竞争对手"划江而治"，而是要判断客户核心价值，在主要市场上占位。否则的话，就会被竞争对手挤到小众市场或边缘市场。

公牛插座诞生于插座之乡浙江慈溪。其技术出身的老板一开始就非常注重产品设计和品质，公牛业务逐步发展壮大，成了当地的领先企业。但是慈溪生产插座的家庭作坊有几百家，他们模仿能力非常强。公牛新产品一推出，他们就能够低成本仿制出来，然后以很低的价格与公牛竞争。有的企业借助这种方式也发展起来了，成为公牛的劲敌。在这种竞争态势下，公牛强化了自身的品牌定位，突出"安全"这个核心价值，与其他企业进行品牌区隔，最终成长为产业龙头。

2. 资源聚焦

任何企业的资源都是有限的，必须聚焦投放才能产生效果。华为总裁任正非崇尚的"压强原则"就是这个道理：将有限的资源集中于一点，在配置强度上大大超过竞争对手，以求重点突破，然后迅速扩大战果，最终达到系统领先。

优势企业与竞争对手相比，在资源能力的积累上应该是比较深厚的，这就增加了竞争的筹码。当重新确立自己的品牌定位后，企业需要集中资源，在与品牌建设相关的研发、生产、销售、服务、传播等方面加大投放力度，用尽量短的时间在客户心目中确立鲜明的品牌形象，与竞争对手形成明显的区隔。

3. 封锁边界

这与"弱势企业如何以小博大"这一章节中讲到的"封锁边界"

内涵是一样的。竞争对手能够追赶上来，是优势企业本身给竞争对手留出了进攻的空间。假如 Costco 不是直接将商品销售的利润压缩到几乎为零，就会有竞争对手以更低的利润水平来参与竞争；假如老干妈不把产品定在 7~10 元的价格区间，而是定在了 15 元，就会有竞争对手以低于 15 元的价格来参与竞争。优势企业在完成前两个步骤之后，需要尽快调整商业模式，封锁边界，建立战略根据地，将竞争对手抵御在边界之外。

4. 净化市场

放任竞争对手随意模仿、低价竞争和混淆客户认知，市场的竞争就会非常混乱，不利于企业的创新和良性发展。优势企业在巩固战略根据地之后，无论是为了提升产业水平，还是为了捍卫自身地位，都需要承担起净化市场的责任。净化市场主要依靠三个方面的策略：封锁边界，制定和提高行业标准，并购整合。

封锁边界

封锁边界本身就能够挤压一部分竞争对手的生存空间。比如 Costco 模式，只有客户规模达到一定数量级，企业才可以维持运行。竞争对手如果模仿 Costco，很难短时间内聚集足够数量的客户；如果回归传统的商超模式又竞争不过 Costco，就只能退出市场了。

制定和提高行业标准

通过行业标准构建壁垒，让一部分低端竞争对手直接离开市场。皇明集团在 2009 年被日出东方在销售额上超越之后，就曾推出过这样的举措。皇明集团的产品主要销往城市市场，产品品质标准较高，它的主要竞争对手日出东方的产品主要销往农村市场，产品品质标准较低。皇明集团大力推动国家太阳能技术标准委员会出台"强制安全标准"，目的就是遏制日出东方，并将一些低端竞争者挤出市场。

并购整合

通过上下游纵向整合或同业之间的横向整合，形成强强联合的市场主体，促使市场快速分化，将弱势企业淘汰出局。

5. 多点下注

优势企业是领跑者，前面没有可跟随的对象，只能靠自己探索。市场变化就像岔路口，未来的路可能有好多条，如果选择一条路走下去，风险就很大。选对了当然好，选错了就会被竞争对手彻底超越。所以优势企业在无法准确判断未来走向时，就需要多点下注。

在很多科技型企业中，这类做法很普遍。大家都熟悉的微信，就是多点下注的成果。腾讯公司依靠 QQ 产品在 PC 时代取得了成功，但技术趋势和应用场景正从 PC 端向移动终端转移，腾讯依靠什么样的产品才能够成功转型？这是腾讯公司决策层无法预判的。为了增加成功的可能性，腾讯起用了三个团队，其分别按照各自的思路开发新产品，三个团队的产品中只要有一个成功了，腾讯公司就成功了。张小龙团队将微信开发出来后，才知道还有另外两个团队担任着同样的使命在开发产品。

多点下注除了体现在技术和产品上，还体现在区域市场上、客户群体上等其他方面，其根本目的就是尽可能地捕捉到代表"未来"的机会。

6. 战略立位

这与"弱势企业如何以小博大"这一章节中讲到的"战略立位"内涵是一样的。

领先企业若想从相对领先变成绝对领导，需要在产业微笑曲线的左端或右端，建立战略根据地。只有掌控产业要害，才有战略主动权，才能成为产业链的组织者和领导者。

第五章
如何突破组织拐点

管理就是把复杂的问题简单化，混乱的事情规划化。

——通用电气公司原董事长
杰克·韦尔奇

　　组织拐点的五种情形，可以按照驱动要素概括出三个类型：一是战略指向型，即战略驱动的组织问题；二是规模承载型，即规模驱动的组织问题；三是管控调整型，即管控驱动的组织问题。为了方便企业家和管理者直接借鉴和参考，我将分别介绍三个类型的组织拐点突破路径。

一、战略指向型

战略驱动的组织问题，体现为组织缺乏战略指向。组织尽管能够满足开展业务的基本要求，但对战略的支撑度非常弱，不利于战略的执行和实现。

突破这种类型的组织拐点，需要做好七个步骤。

1. 战略澄清

组织跟随战略，前提是战略必须清晰。企业家或管理者可能会认为自身企业有明确的战略，但不一定完整、系统化。战略澄清的目的是将战略刻画得更清晰完整。

这一步骤中可利用的理论工具比较多，比如战略三层次理论，即事业战略、竞争战略、职能战略；战略地图，即由财务维度、市场维度、内部流程维度、学习和成长维度等关键成功要素构成的关系结构图；还有魏朱商业模式模型、商业模式画布等。管理者可以根据企业情况选择匹配的理论工具，对战略进行澄清。

2. 明确战略对组织的需求

战略对组织的需求，主要体现在三个层面上。

第一个层面是事业战略对组织的需求

事业战略是企业对业务领域的进退做出的选择，不同的业务领域，业务价值链是不同的，对应的组织也不相同。比如餐饮行业和医药行业，其业务价值链差异很大，所需要的业务部门就截然不同。对于多元化的企业，除了各业务板块按照不同业务价值链设置业务部门之外，还需要基于战略来判断各业务的协同要素，设立相应的部门来保障落实。

第二个层面是竞争战略对组织的需求

竞争战略是企业在市场上的竞争模式，它需要针对性的组织职能来响应和支撑。如果企业想打"低价"这张牌，那么在内部就必须有成本控制的主责部门，由其建立明确的成本控制流程，并以此流程来主导其他流程；如果企业想打"服务"这张牌，那么在内部就必须有服务保障的主责部门，由其建立高效的服务响应流程，并以此流程来主导其他流程。

万科的组织结构尽管分了四个管理层级，即总部、区域公司、城市公司和项目公司，但在总部仍然保留着两个业务职能：一个是产品管理职能，对应产品线内部的四个部门；一个是物业管理职能，对应管理线内部的物业管理部（见图3）。

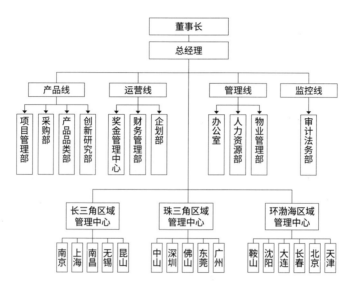

图3　万科的组织结构

对于一个千亿级的企业来说，总部基本上不再做具体的业务管理，而只做方向性的决策。万科为什么要保留这两个具体的业务职能呢？这就与万科的竞争战略相关。万科靠两张牌赢得市场：一张牌是产品设计，即通过对客户的深入了解和研究，不断研发满足客户需求的住宅产品；另一张牌是物业服务，即为业主提供高品质的社区软环境。这两张牌就是万科的核心竞争力，支撑着万科从深圳走向全国，从一个项目型公司走向千亿级的集团公司。为了保障核心竞争力的不断积累、强化和提升，万科坚持把这两个业务职能放在总部进行直接管理。

第三个层面是战略推进对组织的需求

战略推进是一个过程，每个阶段都有不同的战略主题和攻关任务，组织需要动态响应。比如为了产品尽快上市，企业需要进行技术攻关、供应链攻关；为了大幅提升销售额，企业需要进行渠道攻关、实销攻关；为了提高客户满意度，企业需要进行售后服务品质攻关、客户俱乐部运营攻关等。攻关任务具有明显的时效性，当某些障碍或难题影响战略推进时，就可以据此设定公关任务。一旦这个障碍被成功清除，企业就需要把注意力快速调整到下一个障碍点上。这是一个动态的过程，每个障碍点都不一样，需要调集的人员也不一样，所以企业通常会用虚拟组织或临时组织来应对。比如成立技术攻关小组，对产品技术问题进行突击。技术一旦稳定，这个攻关小组的使命也就完成了，虚拟组织或临时组织就可以解散。

企业可以通过以上三个层面，尤其是对第二、三个层面的梳理，建立起战略与组织之间的关系，明确战略对组织的需求。

3. 战略级部门的设计

一般来讲，企业已经具备了现实的组织结构。我们不用花太多心思在组织的基本职能上，对组织结构做全新的通盘设计，因为组织调整涉及的面越大，遇到的阻力也越大；而是要关注响应战略的关键职能，讨论这些职能需要用什么样的部门形式来实现，我将它们称为

"战略级部门"。比如战略对组织的需求是成本管理，那么现实的组织结构里是否具备"成本管理"职能？是一个独立的部门还是在某个部门里的一个职位在承担这个职能？为了响应战略，应该如何调整？是成立一个成本管理中心还是成本管理部？这个中心或部门是放在集团管理总部还是放在二级公司？通过这样的梳理，可以将与战略高度相关的"战略级部门"设计出来，实现在原有组织结构里"画龙点睛"的效果，将战略的灵魂注入组织当中。

4. 战略级部门的管控

战略级部门承载着企业的关键成功要素或核心竞争能力。它们必须处于有效管控之下，否则会在组织不断调整中被忽视或弱化。组织管控分两种情况，一种是利润中心内部管控，一种是利润中心之间管控。在第一种情况下，应该提高战略级部门的行政级别，战略级部门应接受决策中心的直接管理；在第二种情况下，战略级部门处于下一级利润中心，但必须接受上一级利润中心的管控。既然是利润中心，上一级利润中心就不能对下一级利润中心的日常运营直接干预，而是要通过输出标准和监督检查来实现管控。比如前文介绍的万科，在总部设置的产品管理和物业管理职能部门，并不能对区域公司、城市公司或项目公司的产品设计或物业管理工作直接干预，而是通过建立产品标准和物业标准，要求下级单位遵照执行，并且接受监督检查。

5. 人才准备

再理想的组织设计，如果没有匹配的人才来支撑，也不过是纸上谈兵。设计出战略级部门之后，需要对现有人力资源进行评估。满足战略级部门及职位要求的人才有多少？缺口有多大？如何补齐缺口？人才何时到位？这些决定了人才供给能力，会影响组织变革的节奏和步伐。此外，组织结构调整会对原有的哪些员工产生影响？他们是否能够接受这种改变？如果不接受会带来哪些阻力？如何化解或降低阻力？这些决定着人才调整的难度，也会影响组织变革的节奏和步伐。

6. 推进计划

理想的组织设计与现实的组织基础，一定存在很多落差。企业家或管理者必须根据自身企业的实际情况，比如战略阶段、人才现状、激励机制、运营机制、文化基础等，将组织拐点突破的路径划分为几个阶段，设置阶段目标和资源条件，使组织变革更具实操性和可行性。

7. 实施与修正

组织变革的启动非常关键。管理者应该以合适的形式或仪式，使企业所有员工充分理解组织变革的目的、原则和计划，以免引起猜疑、抵触和对抗。在实施"推进计划"时,应该定期评估推进效果,及时发现和解决问题。实现了阶段性目标之后,还需要做好成果巩固,防止出现走两步、退一步的现象。有的企业由于客观条件的限制或过程中环境的变化,无法彻底实现组织变革的理想目标或没有必要继续推进,则需要审慎评估,做出决策。

二、规模承载型

规模驱动的组织问题，体现为组织模式无法承载业务规模增长带来的管理复杂度，导致责任逻辑不合理，人才能力发挥不足。突破这种类型的组织拐点，需要做好七个步骤的工作。

1. 组织效率评估

这一步主要评估以下两个方面。

一是真实的组织模式。很多企业的组织模式名不副实。比如有的企业宣称自己是事业部制组织模式，而实际上它的事业部只是部门，并非真正的事业部。所以需要评估企业真正的组织模式是哪一种，以便看到组织的真实画像和运行逻辑。

二是人才能力发挥水平。"总监当部门经理用，部门经理当员工用"是很多企业的人才使用状况。高薪招募的管理人才，其能力在现有职位上无法得到充分发挥，造成能力的浪费。如果这种状态在一个企业里普遍存在，说明要么现有组织模式制约了人才能力的发挥，要么人才聘任标准超出了组织需要的水平，形成了人才高消费。

理论点睛：典型组织模式及演化趋势

假设你开始创业了，一开始业务规模不大，你也完全具备做这项业务的所有技能。在这种场景下，你需要一个什么样的组织？

其实在这种场景下，你根本不需要组织，一个人做这件事就是最匹配的。我们一定要明白，组织是为经营服务的，是为完成企业目标服务的，因此我们没有必要建立一个没有用处的组织。

（1）直线制：需要帮手

我们继续演绎这个场景：随着业务规模的扩张，尽管你完全具备做这项业务的所有技能，但你的精力不够用了，你开始忙不过来了。这种场景下，你需要一个什么样的组织呢？

这时候你最需要的是帮手，帮手不需要有自主性和创造性，他们只需要执行你的指令就可以了。企业中只有你和帮手的这种组织模式叫直线制。

（2）职能制：需要专业人员

随着业务规模的扩张，你不但精力不够用了，能力上也出现了短板。比如，你创业的项目是开一个早餐店，随着早餐店生意越来越好，你卖的东西越来越多，你不但自己忙不过来，需要帮手，还因为缺乏财务知识，算不清楚账了。尽管从总数上你能把握收支，但以往左兜计支出、右兜计收入的方式，已无法计算出卖包子和卖油条到底哪个更挣钱。这时候你需要找一个财务人员，以他的财务技能来弥补你财务知识的不足。这类人员就是职能人员，这种组织模式被称为职能制。

当企业里既有帮手型的下属，又有职能型的下属时，问题就来了。因为老板在某些方面不及职能型下属专业，就会出现职能型下属代替老板去指挥帮手型下属的现象。如果老板的指令和职能型下属的指令不一致，帮手型下属就会无所适从，这就造成了组织关系的混乱。

（3）直线职能制：一个发动机

如何解决组织关系混乱的问题呢？那就是在一个组织中，只保留老板这一条指挥链，职能型下属不得直接向帮手型下属发号施令，除非他得到了老板的授权。这样既能实现直线制下的业务量支撑，又能实现职能制下的专业技能支撑，还能够保持组织内部指挥链的一致性。这种组织模式被称为直线职能制。

直线职能制这种组织模式能够承载大多数创业企业和中小企业的业务规模和人员数量，所以直线职能制是当前企业最常见的组织方式。直线制和职能制由于存在明显的适用条件和缺陷，基本上不会成为一个稳定的组织模式，顶多扮演一个阶段性的过渡模式。

企业实行直线职能制的动力来源是企业家。如果企业家不主动去协调各条职能线，它们就会处于停摆状态。因为在整个组织里，对利润负责的只有企业家，各职能线只对影响利润的某一个要素负责。直线职能制组织就像是由一个发动机驱动的组织，企业家就是那个发动机。

（4）事业部制：由 1 个到 N 个发动机

随着业务规模的扩张，职能线的划分越来越细，意味着协调的难度越来越大，总有一天会让企业家忙不过来，挑战着企业家精力和能力的极限。当企业家忙不过来时，就需要分解企业家所背负的利润责任，也就是把一个发动机分解成 N 个发动机。还拿早餐店为例说明，老板可以把包子产品线、油条产品线分别作为独立的利润核算单元，同时安排两个人分别对两条产品线的利润负责。只要这两个产品线的负责人完成了利润指标，企业整体的利润指标也就有保障了，企业家就把自身的利润责任分解到了两个产品线负责人身上。产品线负责人由于背负着利润责任，他就有压力和动力去协调供、研、产、销等各职能线，从而也变成了发动机。于是，企业家就从繁重的日常管理协调工作中解放出来，有更多的时间关注企业的战略，监控各产品线的运行并及时纠偏。我们把这种组织模式称为事业部制。

事业部制比直线职能制所承载的业务规模和员工数量要大很多，能够支撑企业多元化业务的发展。

（5）矩阵制：N 个发动机责任交叉

在早餐店案例中，事业部是按产品线维度进行划分的。当企业开始跨区域扩张的时候，就会带来一个新问题：谁对区域的利润负责？这就需要企业按区域维度划分事业部，形成区域事业部。区域事业部和产品事业部又有交叉，在区域中囊括了多种产品，而产品又贯穿了各个区域。为了保障各事业部利润目标的实现，企业必须要求区域事业部和产品事业部的总经理加强日常沟通与协调。这种相互交叉的利润单元形成的组织模式，被称为矩阵制。

矩阵制这种组织模式，让组织结构的复杂度达到了巅峰。组织不可能无止境地复杂下去，因为组织本身存在的意义是使内部交易成本低于外部交易成本，或者是使内部协调效率高于外部合作效率。一旦内部交易成本或协调效率失去了优势，组织就没必要存在了。

在实践中，直线职能制、事业部制和矩阵制被不断地组合运用，以承载更大的业务规模，但其效率边际递减的效应已非常明显，随着业务规模的不断扩大，企业往往陷入叠床架屋、行动迟缓的低效陷阱。

（6）网络制：内外部市场化

出路在哪里？物极必反，将陷入低效陷阱的大企业解构成 N 个小企业成了组织模式的演化趋势。这种解构分两种情况：一种是内部市场化，一种是外部市场化。

"阿米巴"组织就是内部市场化。稻盛和夫把大企业解构成 N 个利润单元，并将其比喻成生物学上可灵活变形的单细胞"阿米巴"。每一个"阿米巴"单独核算，"阿米巴"的负责人只需要遵循简单的逻辑：尽量提高"阿米巴"的收入，降低"阿米巴"的成本，只要收入大于成本，这个"阿米巴"对企业整体的贡献就是正数，否则就是负数。在企业整体层面上，建立一套经营会计核算方法，来界定每个"阿米巴"的收入和成本，同时牵引每个"阿米巴"在实现自身目标的同时，也能够实现企业整体目标。

耐克公司的组织就是外部市场化。它除了保留最核心的技术研发、品牌管理及一个生产气垫部件的工厂之外，其余的职能都转化为外部合作，比如基础研究、广告、物流、生产和渠道等。

这两种情况采用的组织模式，都称为网络制。网络制可以把任何大企业解构成足够多、足够小的内部经营单元，或外化为合作组织，从而使企业的业务规模承载量不再是组织模式的挑战，业务规模不再受限于组织方式的承载能力，而是取决于市场容量和竞争格局。

（7）生态型组织：激发企业创新力的新模式

当组织模式的演化不再以业务承载量为衡量指标，创新力就成为业务承载量背后更重要的指标。组织只有充分释放人才能力、激发人才潜能、赋予人才权力，才能够获得强大的创新力，在知识经济时代建立竞争优势。

什么样的组织模式更有利于激发企业的创新力呢？平台型组织、混序组织、无边界组织、合伙人组织等新概念应运而生。实际上，这些概念都只是从某一个方面来界定新型组织的特征而已。我把这种新型组织模式称为生态型组织，它具有四个鲜明的特征。

平台化： 企业公共部门是一个共享平台，其内部的所有业务团队或个人，都是这个平台服务的对象，平台建立的目的就是减轻业务团队或个人与专业无关的职责负担，让他们将精力专注在自身专业或业务上，最大限度释放他们的专业能力。

无边界： 在传统思维模式下，为了完成一项任务，企业不得不在人才市场上招聘相应的人才，而现在企业更愿意采用外包的方式去解决。人才市场上的自由职业者也越来越多，他们不希望将劳动关系限定在某一家企业，而更愿意与企业就某项具体任务展开合作，等任务一结束，合作关系就可以解除。

项目驱动：在追求创新力的知识经济时代，项目驱动的趋势也越发明显。企业内部不再有明确的、刚性的职位，职位角色被任务角色所替代。员工加入到某个项目中，就承担一定的任务角色。当项目结束后，这位员工的任务角色就消失了，再进入新的项目时，他有可能被分配一个与上一项目完全不同的角色。在这样的企业中，项目是组织的主要结构。由于项目是动态的，所以组织结构也是动态的。

混序：混序并不是指没有秩序，而是有序的混沌。从表面看，企业制度流程很不规范，经常被优化和调整。管理层级不明确，经常跨级沟通甚至倒置，但企业的创新层出不穷。说不定哪个创新就会成为企业的战略增长点，这种企业在混序的状态下获得了蓬勃发展。就像热带雨林，虽然没有园林师来维护，各种植物杂乱无章地纠缠依傍在一起，但每种植物都在主动争取自己的生存空间，因此呈现的景象是生机勃勃、茂密繁盛的。

从直线制、职能制、直线职能制、事业部制、矩阵制、网络制再到生态型组织，这一路演化，就是不断提高组织对规模的承载量和对创新的支撑度的过程。组织模式之间并不存在先进和落后之分，只要适应企业的发展阶段和所处环境，它就是好的。所以在商业社会中，这些组织模式几乎都同时存在着，在各自的具体环境中承载着自身企业的发展。

2. 组织模式调整

每一种组织模式，对规模的承载量和创新的支撑度都是有极限的。对于直线职能制，如果企业家不但能够有效协调各职能线的日常工作，还有时间精力思考企业战略发展问题，那么这种组织模式是有效的；如果企业家没有时间精力思考企业战略发展问题，其所有时间精力都投放在对各职能线的日常协调上，那么这种组织模式的承载量已经达到极限；如果企业家把所有时间精力都投放在各职能线的协调上，尚顾此失彼，那么这种组织模式的承载量已经突破了极限。其他组织模式也有类似的三种状态。当组织模式的承载量或创新的支撑度被判定已经达到极限，就必须对组织模式进行调整，根据业务规模、员工数量、业务类别、业务跨度、业务创新度等指标，选择合适的组织模式。

如果判断当前的组织模式并没有达到极限，就可以保持当前组织模式，而在分权和流程方面进行调整。

3. 分权调整

在既定的组织模式之内，管理层级的设置是一个可以调整的变量。管理层级多，权限就会划分得很细，各层级管理者被框定在一个很小的权限方格里，自主空间比较小，不利于创新和人才能力发挥。管理层级少，分权空间很大，如果上级管理者授予下级更多的权限，下级就有更多的自主空间，有利于创新和人才能力发挥。

企业在选定的组织模式之内，需要结合现有管理者的素质水平、业务成熟程度、业务创新度、业务跨度等指标，设计合适的管理层级。在可能的条件下，尽量将权限下放，给予下级更多的自主空间，释放下级的能力，同时上级管理者也可以从日常事务中摆脱出来，关注更有价值的工作。

4. 流程调整

分权调整可以释放员工的能力，流程调整却可以放大员工的能力或降低对员工的能力要求。好的流程设计可以达到"三个臭皮匠顶个诸葛亮"的效果，不好的流程设计则会导致"三个和尚没水喝"的后果。

某房地产经纪代理企业，将销售精英才能做到的事情分解成六个连续的、简单的动作环节，普通的业务员经过基本的训练之后，完全可以达到销售精英的业绩水平。

第一个环节是"抓客"。企业招募大量兼职员工，让他们拿着楼盘的宣传页在马路上分发，或者到别的售楼处附近去拦截客户。他们的任务就是把有买房意向的人带到售楼处。

第二个环节是抓信息。兼职员工把客户带到售楼处，转交给销售秘书进行接待。销售秘书与客户聊天，用最自然的方式在最短时间内把客户的基本情况摸清楚，包括客户的职业、收入、家庭成员和房产情况等。

第三个环节是讲产品。销售秘书了解到客户的基本信息后，把客户转交给销售顾问。销售顾问把楼盘的亮点一一介绍给客户，讲解时间不能低于45分钟；如果不到45分钟客户就走了，销售顾问会被罚款。

第四个环节是造氛围。这个环节从客户一进售楼处就开始了。当销售顾问给客户讲解完楼盘后，会给客户推荐几个畅销户型。然后，销售顾问大声询问销售秘书这些户型的销售情况，销售秘书则告诉销售顾问这几个房号已经卖光了，给在一旁的客户营造紧张气氛。

第五个环节是"逼定"。火爆的销售场景和迅速卖光的房号，让客户觉得机不可失，时不再来。于是，在销售顾问的引导下，客户缴纳了定金，这就完成了销售的关键一步。一般来说，客户缴纳定金后，最终成交的概率就非常高了。

第六个环节是签约缴款。在最后缴纳房款的时候，由于支出金额较大，客户仍有改变主意的可能性，所以在最后这个关键时刻，现场配合就更加重要。比如组织客户约定相同时间现场集中签约、缴款，会给客户带来强烈的心理暗示：那么多人都来签约交钱了，自己还犹豫什么？客户签约缴款之前的紧张感会得到极大的缓解，于是顺利缴款。

第五步人才准备、第六步推进计划、第七步实施与修正，与"战略指向型"的第五步、第六步、第七步的内涵和逻辑是一样的，就不再赘述。

三、管控调整型

管控驱动的组织问题，体现为组织出现了明显的诸侯割据、拉帮结派、利益小团体、损公肥私、阳奉阴违、直接对抗等现象，破坏制度权威，影响组织的正常运行或业务扩张。突破这种类型的组织拐点，需要做好七个步骤。

1. 识别管控内核

管控问题与公司政治行为高度相关。公司政治是一个敏感的话题，却在管理实践中如影随形，无法回避。

公司政治行为指不是由组织正式角色和制度规则所要求的，但又影响或试图影响组织中利害分配的行为，包括拉帮结派、消极怠工、推卸责任、阴谋破坏、搞背后揭发等。一个企业的制度与流程越不完善，公司政治行为就越泛滥，尤其是管控机制方面制度薄弱，导致的后果更严重。

管理者开展工作是需要消耗资源的，但企业的资源是有限的。如果企业的制度规则不明确，管理者无法通过制度规则获取资源，就会迫使他们通过各种公司政治行为去争夺资源。无论是哪种公司政治行为，其目的都是扩大自身或小团体的影响力，以便在组织中提高话语权，争夺和占有更多的资源。

公司政治行为是滋生管控问题的温床。

任何管控问题都是由公司政治行为导致的，背后都有一个"内核"。这个内核需要满足三个条件：无可替代、稀缺和重要。一旦掌控了这样的"内核"，少数人就可以像滚雪球一样扩大自己的团体，形成一股力量去影响组织的运行和决策。

前文中提到的河南那家上市企业，其海外事业部的王总就是掌控了"内核"，即海外市场的所有客户资源，并以此为筹码向企业争取各种利益，然后收买人心，把海外事业部变成自己的独立王国，从而形成了尾大不掉的格局。如果任由这种格局发展下去，一旦海外事业部形成利益暗流，当事者开始侵蚀企业利益，形成腐败黑洞，再破除这样的小团体将难上加难。因为小团体的成员们知道，一旦被攻破，他们的腐败行为就会暴露，所以他们会互相串通，拼死相救，这就给组织管控带来了非常大的难题。

识别管控问题的内核，才能够找到问题的根源，才能围绕着如何破除"内核"制订解决方案。

2. 确立公理

由公司政治行为形成的利益小团体，为了维护自身利益，一定会成为组织变革的阻力。如何让这场变革名正言顺、师出有名？必须找到任何人都无法对抗的"公理"。一个企业，最大的公理就是战略。战略是衡量一切管理行为对错的标准，符合战略要求的行为是正确的，不符合战略要求的行为就是错误的。以战略为公理，去肃清公司政治行为，破除利益小团体，这是为企业整体利益服务的、以企业意志为主体推动的改革行为。否则，会演变成个体之间的利益对抗和私人恩怨，使组织变革陷入一场没有对错的混战。

3. 选择解决思路

找到了管控问题的内核，也确立了组织变革的公理，接下来就是破除内核解决问题。对于组织管控问题，在解决思路上并没有绝对的对错，这与企业家的管理风格有关，也与管控问题的严重程度、紧迫程度有关。在实践中有一些代表性的做法，可供企业家或管理者结合自身企业实际来借鉴参考。

明升暗降

给关键人一个较高的职位，同时补充进新的人员，接替或分担关键人原来的职责，隔断关键人与原来的团队成员之间的直接工作联系，从而在封闭的小团体中打开缺口。

逐步分化

对于无法调整职位的关键人，可以逐步分解他所管辖的职能范围，比如某企业的营销副总是上级某主管的亲戚，不好直接调整，但可以把销售和市场职能进行细分，由新成立的部门来承担部分职能，这样就能逐步分解他所管辖的职能。甚至他原来的部门名称都可以不变，但实际职能发生了转移，进而弱化他在整体管理中的影响。

关门开窗

"当上帝关了这扇门，一定会为你打开一扇窗。"在管控问题上，也可以通过关门开窗进行利益置换，化解问题。

比如某汽车零部件企业在各销售区域设置了办事处主任这个职位，负责对各区域的汽车维修站进行费用结算。久而久之，汽车维修站为了多结算费用，会给办事处主任一些好处，他们形成了利益小团体。企业由于战略调整，需要撤销办事处主任这个职位，这引起了各个办事处主任的强烈反对，他们反对的原因有两个。一是自己的利益受到损害；二是担心事情败露。企业的高层管理者深知这背后的原因，但考虑到这些办事处主任还有很大的人才价值，并且不想引起人事动荡，最终决定为他们提供内部创业的新机会，并承诺既往不咎，办事处主任这才接受了组织调整方案。

在增量中调整结构

一家企业将供、研、产、销分别设立成事业部，实行模拟市场化的运作机制，但生产事业部在承接订单的时候，凭借着自己在企业中无可替代的地位，总是挑肥拣瘦，让销售事业部非常苦恼，老板从中协调也效果不佳。后来这家企业相继又成立了三个生产事业部,各生产事业部之间形成内部竞争,原来那种挑肥拣瘦的情况再也没有出现过。

重塑价值

出现管控问题是因为管控方的影响力很弱,导致对方不需要你,或需要的程度很低。为了提高影响力,管控方需要塑造新的价值,让被管控的单位或部门获得好处,产生需求和依赖。某集团企业的子公司对总部的管控阳奉阴违,它们认为总部的管理只是增加了麻烦,并没有带来价值。集团总部为了提高管控力,重新调整定位,从如何为子公司创造价值入手,逐步调顺了总部与子公司的管控关系。

造新平台

当原有的体系无法改造时,可以打造一个新体系来实现发展目的。一家生产车载导航仪的企业,产品卖得非常火,但老板看到产业趋势在发生变化,智能手机已经具备了导航功能,并且导航的精度越来越高,导致其产品销量增长的势头在减弱,于是他提出要将产品转移到其他产业应用领域,比如海洋、林业等。但几个副总不同意这样的尝试,认为老板太折腾,而老板又很难说服他们,于是新的战略一直无法推进。后来老板痛下决心,采取了"老人做老事,新人做新事"的方法,他重新选择了一个管理团队进入产业应用领域,而原来的管理团队继续管理车载导航业务。

壮士断臂

对造成管控问题的关键人直接惩罚、辞退甚至追究法律责任，是干脆利落、直截了当的做法，但也可能会给企业带来直接的伤害和损失。所以，如果能通过化解的方法解决问题，就尽量去化解它；如果实在无法化解，就要充分评估风险和企业的承受能力。

4. 完善管控机制

企业只有解决了已经出现的管控问题，化解或切除了组织上的"毒瘤"，才有可能导入完善的管控机制。组织管控的核心机制可以概括为"三机一透"，即纵向机制、横向机制、价标机制、信息玻璃板。

理论点睛：组织管控的核心机制

（1）纵向机制：管干分离

纵向机制是组织在纵向上的管控机制。其首要问题是纵向上应该管控哪些要素，多数人都会想到人、财、物、业绩等，却经常会忽略一个重要的方面，就是战略要素，即对企业战略有支撑性的业务要素。比如万科，产品研发和物业管理就是它的战略要素，所以这两个要素必须纳入纵向管控的范畴，否则企业战略就没有了落地支点。

明确了企业的管控要素之后，就要回答管多深的问题。我们通常把管控深度分为三种：第一种是操作管控，即企业对日常运营的方方面面都会介入管理，代表集权模式；第二种是财务管控，即企业基本不介入日常运营管理，只对财务回报提出要求，要结果不要过程，代表分权模式；第三种是战略管控，介于操作管控和财务管控之间，即企业不仅要求财务回报，而且要求以既定的战略模式来实现财务回报，其比财务管控更加集权，比操作管控更加分权。

对某项具体业务，企业该采取哪种管控深度呢？一般来说，跨地域的、成熟的、非关键的、管理基础完善的、员工素质高的业务，可采用分权模式的财务管控；同区域的、培育过程中的、关键的、管理基础弱的、员工素质低的业务，多采用集权模式的操作管控。在同一个企业中，不同业务采取的管控深度也可能是完全不同的，所以在同一个组织内经常出现三种管控深度并存的情况。

要想达到纵向管控效果，核心是管干分离。同一个职位既是运动员，又是裁判员，就不可能有管控效果，因此必须把执行者和监督者分开，才能起到监督作用。管干分离有两种实现方式：一种是流程内管干分离，即把执行者和监督者分开设置；另一种是流程外管干分离，即多数企业设置的审计监察职能。

（2）横向机制：利用制衡关系

横向机制是组织在同一层级上的管控机制，通过把流程中有制衡关系的环节打开，来实现互相制衡作用。比如会计和出纳，一个管账目，一个管现金，这两个角色就有互相制衡的关系。如果账目和现金在数额上对不上，就一定有一方出错了。此时必须把金额对上，才能确保双方的工作都是无误的。如果这两个角色由一个人来承担，就会有管控上的漏洞。

以采购为例，只要把制衡环节打开，采购流程中出现漏洞的可能性就非常小了。采购流程至少有四个环节可以打开。

一是把供应商评估、选择与价格谈判分开。选择供应商时可以成立供应商管理委员会，价格谈判时可以成立价格谈判小组，各由不同的人组成。

二是把价格谈判与采购执行分开。价格谈判小组只负责进行价格谈判，议价定价，并不参与采购执行；采购交由另外的人去执行，他们对采购价格没有任何影响力。

三是把采购执行与质量验收分开。技术或质量相关部门进行独立的质量检验，因为他们没有参与价格谈判，也没有参与采购执行，所以更能够保持独立性、专业性，做好质量验收。

四是把质量验收和库房入库分开。质量验收是对物料质量进行把关，库房入库是对物料数量进行把关。只有质量和数量均符合验收标准，才能够办理物料入库。

这四个环节打开之后，"铁路警察，各管一段"，谁也没法去影响全流程，即使个别人有心串谋，但由于链条太长，涉及人员太多，串谋的难度非常大，也会大大减少采购流程中的腐败问题。

（3）价标机制：有标准才有管控

纵向管控和横向管控在组织中形成纵横交错的控制节点，但还缺少一个至关重要的机制。没有它，控制点就会成为冲突点，企业运行就会陷入混乱。这个机制就是价标机制，即要为每个控制点确定评价的标准，没有标准就没有控制。

某家新成立的房地产企业，老板认为只要管住了财务，就能够有效管控，其他方面可以充分放权。运行了半年之后，老板发现尽管支出的每一分钱都经过自己审批，但实际上自己非常被动，甚至有被胁迫的感觉，财务部门已经沦为提款机。项目经理在提报付款申请单时，备注里总是特别说明在几月几号之前必须付款，否则施工单位就停工了，或者材料就进不了场了，耽误了工期，一天的损失有多大等等。对于这样的申请单，老板批还是不批呢？如果不批，工期可能就被拖延了；如果批，感觉自己被牵着鼻子走。权衡再三，他还是给批了。

这家企业之所以出现这样的问题，就是因为缺少价标机制。财务支出关键是要有支出的标准。这笔支出有没有列入资金计划？这笔支出有没有在预算范围之内？这笔支出是否符合合同约定？当缺少这些评价标准的时候，是无法评价财务支出的合理性的。

价标机制要求企业必须制订明确的目标、实施计划及相应的资源预算。目标是企业战略的具体表达，从战略出发，到目标转化、计划实施、预算管理一脉相承，构成了一个企业的评价标准体系。

（4）信息玻璃板

信息玻璃板有两层含义：一是透明，即能够让管理者随时看到所需信息；二是隔挡，即提醒管理者不要直接伸手去管，而要通过机制和规则来管。

信息透明才能使企业运营透明化。在众目睽睽之下，一旦有人搞小动作，就会马上被人察觉。万科倡导建设"阳光照亮的体制"，其创始人王石曾表示："阳光是最好的消毒剂，只有做到开放与透明，企业才能永葆健康与活力，才能做到基业长青。"

管控机制非常重要的一点是靠规则来管理，而不是个人化的随意干涉。所以通过信息透明发现问题时，应该分析规则本身的问题，通过规则的完善来消除问题。

第五步人才准备、第六步推进计划、第七步实施与修正，与战略指向型的第五步、第六步、第七步的内涵和逻辑是一样的。值得强调的是，在管控调整型组织拐点突破上，人才准备是破解管控难题的必要条件，有后备人选，被管控的对象才会感到危机。其他方面就不再赘述。

以上三种类型的组织拐点，是分别以某种要素为主导而形成的。在实践中，很多企业出现了三种要素并存、并重驱动的综合型组织拐点，需要对组织问题进行系统的诊断和剖析，从三个要素维度进行问题挖掘和解决，才能将组织调整到一个良性状态，促使企业进一步成长。这种组织拐点的突破路径是以上三种类型的综合，不再展开赘述。需要注意的是，在解决问题时要按照战略指向、规模承载和管控机制三个维度依次推进，因为组织服务于战略是核心使命、规模承载是必要条件、管控机制是底线保障，不能倒置。

第六章
如何突破人才拐点

人才是利润最高的商品，能够经营好人才的企业才是最终的大赢家。

　　　　　　　　　　——联想集团董事局名誉主席

　　　　　　　　　　柳传志

人才在企业系统中的角色非常特殊，在传统经济特征下是战略主导人，在知识经济特征下是人主导战略。我将人才拐点突破路径分为两个类型，一是人才挖潜型，对应的是战略主导人的情况；二是人才投资型，对应的是人主导战略的情况。

一、人才挖潜型

在战略主导人的情况下，人才价值是由战略和组织来定义的，符合战略和组织要求的，就有价值，否则就没价值。所以当企业遭遇人才拐点，除了在人才本身寻求解决思路，还应该在战略和组织上寻求解决思路。突破这种类型的人才拐点，需要做好五个步骤。

1. 战略挖潜

不同的战略对人才的要求是不同的。在人才拐点上，应该先去判断是否存在通过战略调整来降低人才要求的空间。

某知名化妆品企业在进入某城市区域市场时，组建了一支销售团队，招来的销售员都有在当地销售化妆品的经验，对当地的代理商也比较熟悉。企业要求销售员召集一些代理商来参加公司的产品推介会，销售员很是为难。因为他们以前都是求着代理商办事的：见代理商要登门拜访；为了让代理商进点儿货，还要请客送礼，把他们哄高兴了才能把事儿办成。企业了解到这种情况之后，让销售员暂停接触代理商，然后对这个区域进行封闭式的市场推广。首先，在地方电视台做广告，高密度轮番播放；其次，招募兼职人员，持续进行大规模的试用装街头派送，并且不允许其他区域市场的代理商向此区域串货。

大力度的推广很快就得到了反馈：消费者在家看电视的时候，天天能看到广告；出门的时候，大街上就有人派送此品牌的试用装。试用了一下感觉非常好，就有人跑到商场去买，但每个商场都没有这个品牌的产品。商场的招商人员就找代理商，打听有没有人代理这个品牌。代理商就四处找熟人，主动联系企业的销售员。情势一下子得到了反转，以前是销售员求代理商，而现在是代理商求销售员。市场推广两个月之后，见时机成熟，企业便要求销售员召集代理商来开会，开始放货，被通知的代理商迫不及待地来参加会议，而且争先恐后地进货。

当地的化妆品企业靠销售员的公关能力向代理商推货，而这家化妆品企业靠市场推广的力量吸引代理商来进货。一个是"推"，一个是"吸"，不同的打法对销售员的要求完全不同。"推"的方式要求销售员具备高超的公关能力，"吸"的方式对销售员的要求就低很多。一个没有经验的人，只要经过适当的业务培训，就能够胜任这项工作。

2. 组织挖潜

很多企业家或管理者对组织方式并不重视，将希望寄托在招聘"能人"上，以为招聘到了能人就能做出业绩，结果走进了"不靠组织靠能人，而能人又很难招到"的恶性循环，使能力断层更加突出。

如果组织方式及制度规则不明确，部门定位不清，流程、分权、职位职责等模糊不清，工作的推进就只能靠个人的协调能力。越是规则不明确的组织，在招聘人才上越倾向于找个人能力强的。因为只有这样的人，才有可能在这样的组织状态里生存。

组织方式及制度规则不合理，也会导致招聘人才的能人倾向。规则本身有问题，而企业家却希望招聘的人才能在这样的规则下做出业绩，这本来就是自相矛盾的。如果招聘的人才做不出业绩，企业家就会认为人才的能力不行，需要找更高水平的人才。

企业家或管理者应该判断是否存在通过组织调整来降低人才要求的空间。可以遵照"规模承载型"组织拐点突破路径的步骤方法，对组织模式、分权、流程进行评估，挖掘组织降低人才要求、释放人才能力的潜力。

3. 绩效校准

在战略挖潜和组织挖潜之后，企业家和管理者还需要判断员工是否在做"正确的事"。很多企业的员工之所以忙而无果、精力不够、能力不足，就是因为没有做"正确的事"，仅仅是"正确地做事"而已。

实践中通常用绩效指标来表达"正确的事"，绩效指标越是与企业的战略目标一致，"事"的正确性就越强；绩效指标越是能与具体的职位相对应，"事"的穿透性就越强。所以企业家和管理者要做好绩效校准，提高"事"的正确性和穿透性，使员工的精力和能力投放在"正确的事"上。

理论点睛：典型考核指标设计方法

按照从整体到局部、从财务到业务的逻辑，依次介绍杜邦分析法、EVA考核方法、KPI考核方法、BSC指标设计方法，重点在于比较它们的异同。

（1）杜邦分析法

较早用于评价一家企业整体经营情况的是杜邦分析法。它利用几种主要的财务比率之间的关系来综合分析企业的财务状况。其基本思想是将企业净资产收益率逐级分解为多项财务比率乘积，这样有助于深入分析企业的经营业绩。由于这种分析方法最早由美国杜邦公司使用，故名杜邦分析法。净资产收益率是整个分析系统的起点和核心，该指标的高低反映了投资者的净资产获利能力的大小。净资产收益率是由销售报酬率、总资产周转率和权益乘数决定的，其分别代表了企业的盈利能力、运营能力和偿债能力。

这三大指标就像人的血压、血糖和血脂指标一样，代表着人的健康程度。但是，一个健康的人是否就一定对社会有贡献呢？不一定。一个强盗可能身体很健康，却做着危害社会的事。同理，通过杜邦分析法被评价为良性的企业，是否就一定对社会有贡献呢？也不一定，做违法生意也可能使企业的财务状况显得非常"健康"。

所以，杜邦分析法只是一种从财务角度进行的考核，财务指标仅仅是企业运营结果的量化体现，并不涉及运营本身。

（2）EVA考核方法

EVA全称是经济增加值（Economic Value Added），指企业的税后净营运利润减去包括股权和债务的全部投入资本的机会成本后的所得。该模式认为，企业在评价其经营状况时通常采用的会计利润指标存在缺陷，难以正确反映企业的真实经营状况，因为其忽视了股东资本投入的机会成本，企业盈利只有高于其资本成本（含股权成本和债务成本）时才为股东创造价值，EVA高的企业才是真正的好企业。从2010年开始，国务院国有资产监督管理委员会（国资委）开始在所属企业推行经济增加值考核。按照国资委要求，非主营业务收益要剔除，这使得企业不再有兴趣投入股市、楼市，并且在做出一项投资决策之前，要评估EVA指标，这样就提高了投资战略的有效性。

可以看到，杜邦分析法并不涉及企业运营的业务，而EVA考核已经开始对企业的投资战略施加影响，所以相比杜邦分析法考核，EVA考核对企业的评价更加深入。如果把企业比作人，杜邦分析法评价的是人的健康状况，并不评价人的行为，而EVA指标不仅评价人的健康状况，还评价了人的职业方向是否得当。

EVA考核仍然属于对企业整体的评价，并没有涉及员工层面，那么如何评价员工的行为是否正确呢？

（3）KPI考核方法

KPI考核是企业里最常见的一种考核方法，KPI全称是关键业绩指标（Key Performance Indicator）。它以企业的战略目标为起点，按照因果关系对指标进行层层分解，再在各级指标中进行敏感度分析，找出最关键的驱动要素，形成企业的关键业绩指标。KPI 考核遵从一个重要的管理原理——"二八原理"，即 80% 的绩效是由 20% 的关键行为完成的，因此必须抓住 20% 的关键行为，对之进行分析和衡量，这样就能抓住业绩评价的核心。

KPI 考核已经涉及企业运营过程中的关键行为，比 EVA 考核对投资战略的影响更加深入。仍将企业比作人，EVA 考核人的职业方向是否得当，而 KPI 考核人在既定的职业方向之下，应该做哪些关键行为。比如 EVA 考核人是该成为歌星还是成为体育明星。如果职业方向选择的是体育明星，那么 KPI 就考核人成为体育明星的关键行为，比如每天的锻炼项目、锻炼时长和饮食结构等。

对于想成为体育明星的人，他跟随的教练不同，训练的要求就不一样，也就是说关键行为的选择是不一样的。企业里也经常出现这种情况。同一家企业，企业家和其他管理者如果分别单独设计企业的 KPI，结果通常是不同的，甚至出现很大的差异。这是由于每个人对企业的理解不同、基于的历史经验不同、掌握的信息不同。所以 KPI 考核的逻辑尽管清晰合理，但在企业应用中会出现很多偏差，导致效果不佳。

在 KPI 的应用中，还存在一种倾向：对一个指标的过度追求，导致对企业的健康运营造成伤害。比如考核销售增长率，可能会导致销售人员采取各种短期行为，以低价、回扣、以次充好、过度促销甚至欺诈等手段引导客户进货，短期来看业绩达到了，销售人员拿到了奖金，但长期来看对企业是不利的。

（4）BSC 指标设计方法

BSC（Balanced Score Card）成为继 KPI 之后更为流行的考核方法，它的全称是平衡计分卡，由美国两位学者罗伯特·卡普兰和戴维·诺顿共同提出。这种考核方法已经被翻译成 23 种语言在世界范围内推广，全球财富 1000 强中超过 55% 的企业和很多政府组织都实施了平衡计分卡考核方法。

BSC 围绕企业的战略目标，从财务、市场、内部流程、学习和成长这四个方面对企业进行考核评价。

在财务方面，要回答下面的问题：为股东创造什么样的价值？哪些关键指标影响着股东价值的实现？这类指标包括净资产收益率、销售额、利润额、增长率和资产利用率等。

在市场方面，要回答下面的问题：为了实现股东的价值，企业必须在市场上达到哪些目标？靠什么举措达到目标？这类指标包括市场占有率、新客户增长率、送货准时率、顾客满意度和产品退货率等。

在内部流程方面，要回答下面的问题：为了实现市场上的竞争目标，在企业的内部流程上必须强化哪些职能或管理体系？比如，市场竞争要素是成本，内部就要强化成本控制流程；市场竞争要素是品质，企业内部就要强化品质控制流程。这类指标包括生产率、生产周期、成本、合格品率、新品开发速度和出勤率等。

在学习和成长方面，要回答下面的问题：为了保持企业的持续竞争优势，必须积累哪些核心资源、培育哪些核心能力？在市场环境中，具有竞争优势是不够的，企业必须将这种优势保持下去，这就需要不断创新、改进和优化。只有不断为顾客创造新的价值、不断改进运行效率，企业才能够持续成功。

BSC 中四个层面的各项考核指标并不是孤立存在的，它们之间有驱动关系，并构成了四类平衡：财务和非财务，内部和外部，驱动和结果，长期和短期。平衡计分卡的名字也由此而来。

BSC 的内在逻辑比 KPI 更加系统，弥补了 KPI 在应用上的两大弊端：一是在设计 KPI 时，管理人员的不同导致 KPI 的认知差异较大，而 BSC 通过四个方面的层层解构，使管理人员更容易达成一致；二是 KPI 对某个指标过度牵引导致出现短期行为和发展失衡，而 BSC 使企业的指标牵引能够达到四种平衡。所以 BSC 是一种比 KPI 更完善、更成体系的考核方法。

在企业的实际应用中，杜邦分析法已经不再作为主流的绩效考核方法；EVA 适用于产业投资型企业对所属产业的整体业绩考核；KPI 适用于处于快速成长阶段的企业的员工业绩考核；BSC 适用于处于稳定发展阶段的企业的员工业绩考核。

4. 激励挖潜

企业雇用员工，实际上是雇用员工的能力。员工是否付出能力，付出多少百分比的能力，取决于员工的意愿，而员工的意愿，取决于企业的激励机制。同一个员工，被激励的程度不一样，所发挥出来的能力也不一样。

当确保员工在"做正确的事"之后，就应该关注激励挖潜，评估激励机制是否有提升的空间。激励挖潜分三个方面，一是拓展激励空间；二是投放激励资源；三是超出员工预期。

拓展激励空间

衡量激励机制的一个显化指标是激励空间，它代表企业对激励资源开发利用的程度，也代表员工可能被激励的程度。激励空间越大，员工会越珍惜这个工作机会，越努力工作，越能承受来自工作和管理者给予的压力；激励空间越小，员工越不在意这个工作机会，越缺乏工作主动性，管理者稍微施加压力，他就会选择离职。

激励空间是激励机制的基础，与很多激励要素及它们的组合关系相关。激励要素基本上分为三层：与金钱直接相关的薪酬福利、与个人成长相关的职业发展、与个人理念相关的精神追求（见图4），每一层内部又由多个子要素构成。

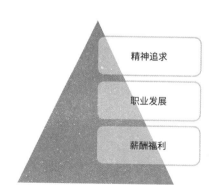

图4 激励空间的三层次结构

理论点睛：激励空间的三层次结构

（1）薪酬福利

现在流行一句话："只谈情怀不谈钱，就是耍流氓。"金钱是激励机制的基础要素，必须先谈清楚。

薪酬的狭义概念只与金钱直接相关。薪酬按照兑现周期的长短和确定性的强弱，有按月（甚至按周、按天、按小时）发放的确定性的工资，有按季度、年度、项目或里程碑节点发放的变动性的奖金，也有跨年度的不确定性的股权类收益。

福利是薪酬的补充，是员工在企业工作的保障，通常分为社会强制类和企业自主类。社会强制类是指国家政策要求的社会保险和住房公积金等；企业自主类又可以分为工作补贴类、生活类、学习成长类和家庭延伸类等。工作补贴类指交通补贴、通信补贴和高温补贴等；生活类指健身、补充商业保险、旅游和体检等；学习成长类指培训、游学和读书卡等；家庭延伸类指为员工家属提供的开放日和覆盖家庭成员的商业险等。福利项目名目繁多，企业之间差异很大。

在薪酬范畴之内，不同的选择可以实现同样的激励空间。比如为了维持一定的激励空间，企业可以选择高工资、低奖金；也可以选择低工资、高奖金；可以选择高工资一步到位，也可以选择低工资起步，但涨薪速度快。

在福利范畴之内，不同的组合也可以达到同样的激励空间。比如工作补贴类福利少，但学习成长类福利多；也可以选择生活类福利少，但家庭延伸类福利多。

薪酬和福利之间，也存在不同的组合关系，有的企业薪酬高，但福利很少，而有的企业薪酬低，但福利非常多，这都能达到同样的激励空间。

（2）职业发展

员工除了关心薪酬福利之外，也关心自身的职业发展。员工对自身的职业规划如果能够与企业提供的职业发展机会相契合，就有可能在企业长期工作下去。既然有了长期打算，员工就会比以往更认真、努力地对待工作。如果员工的职业规划无法在企业里实现，那么员工就是企业的一个过客，一旦有更好的机会，就会选择离开。

员工在职业发展方面的需求分为三个方面。

一是职业晋升。员工是否可以通过个人的努力，得到职业级别上的晋升？这种晋升不仅仅带来薪酬福利方面的变化，更重要的是让员工在企业内部得到认可和尊重。这就要求企业必须打通职业发展的通道，明确各等级的标准及晋升的规则，让职业发展有章可循。

二是职业安全。员工在企业工作是否有助于自身能力的持续提升？这种提升是与人才市场的要求相比较的。也就是说，员工不一定选择离职，但如果真的离职的话，这段职业经历是否能够让他拥有足够的能力在人才市场上获得更好的工作机会？如果能够获得这样的能力提升，员工就会有职业安全感；如果不能够获得这样的能力提升，员工会感到在企业工作是虚度光阴，且工作的时间越久，就越心虚。

三是职业转换。员工是否有机会在企业内选择自己喜欢的职位？如果在职业发展通道之间有这样的转化机制，就会让员工的工作与自身兴趣相互匹配。兴趣是激励员工的更持久的力量。比如企业可以在技术职业通道和管理职业通道之间设置转化机制，技术人员一般是在技术职业通道上晋升，从较低级别的技术员、工程师成长为高级工程师、专家。有的技术人员在从事一段时间的技术工作之后，可能会对管理工作产生兴趣，此时他就可以按照技术级别和管理级别的对应关系，切换到管理职业发展通道上来，然后按照管理的级别进行晋升。有的企业为了给员工提供更多职业选择的机会，尽可能多地开通职业发展通道，让员工在企业内部有更大的自主发展空间，比如腾讯就为员工开通了 26 个职业发展通道。

（3）精神追求

员工在精神层面的追求有一个逐步升级的过程，从工作氛围、战略感召、价值观认同再到人生修行。（见图 5）

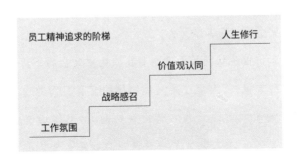

图 5　员工精神追求的阶梯

工作氛围是企业办公环境、人际关系、管理风格等的一种综合反映，是员工的直观感受。有的员工喜欢宽松自由的工作氛围，也有的员工喜欢纪律严明的工作氛围，但极少有员工喜欢被呵斥、被监视，让人压抑的工作氛围。企业应该尽量营造员工喜欢的工作氛围，让员工有一个愉快的心情投入工作。

比工作氛围的直接感受更深入一层的，是企业的战略感召。员工找一份工作，挣钱是基础，但如果既能挣钱，又能做非常有意义、有前景的事，就更好了。很多高端人才对金钱的渴求已不再强烈，他们更看重这份工作有没有意义，有没有发展前景。所以一家企业的战略对人才的感召力是非常重要的。

比战略感召更深入人心的，是价值观认同。员工在企业里工作久了，就一定会受到企业价值观的影响。员工是否愿意长期服务于这家企业，取决于是否认同该企业的价值观。每个员工都有价值观底线，如果企业的价值观与员工的价值观是针锋相对的，那么员工肯定会选择离开；如果价值观不同，但不冲突，则价值观是相容的，员工并不会因为价值观影响而选择离去；如果价值观完全相同，员工则会基于这种认同，更愿意长期工作下去。

超越员工价值观认同层面的，是在人生意义上的不断修行和灵魂升华。稻盛和夫说："人生不是一场物质的盛宴，而是一次灵魂的修炼，使它在谢幕之时比开幕之初更为高尚。"工作场所就是修炼精神的最佳场所，工作本身就是一种修行。如果企业能够主动地引导和帮助员工在人生价值层面上实现升华，那么企业与员工之间的关系就已经超越了雇佣关系，企业已经变身为员工人生修行的道场和引导者。

投放激励资源

企业的激励资源是有限的，必须将其投放到最需要的地方，用激励资源去牵引员工行为，达到企业期望的结果。

激励资源投放的准确性，一方面与考核有关，如果能够确信"正确的事"，那么基于正确的事所得到的考核结果，应该与激励资源挂钩，并且挂钩关系越强，对员工行为的牵引力越大。在设计挂钩关系时，激励要素是可以组合的，有的以薪酬福利为主，有的以职业发展为主，有的以精神追求为主，企业需要根据阶段目标和激励要素完备情况进行选择。

另一方面与人才策略有关，选择什么样的人，就需要设计相应的激励机制。亚马逊公司是美国最大的网络电子商务公司之一，其推行的薪酬策略是支付给员工相对较低的基本工资，同时也没有短期激励措施，但对员工会慷慨推行股票期权计划，这种机制与它的用人策略直接相关。亚马逊希望员工具有进取心、聪明、善于思索、与众不同并且愿意全身心投入公司。具有上述特质的员工才可能接受亚马逊这样的激励机制，而不具有上述特质的员工一般很难接受。这就达到了亚马逊的目的，激励机制就像一个过滤网，把不符合企业要求的员工给过滤出去。

超出员工预期

在消费领域，打动客户不是满足客户需求，而是超出客户期望。海底捞之所以备受客户青睐，就是在服务上做到了超预期。一位顾客用完餐后，剩下了几片西瓜，觉得很好吃舍不得浪费，想打包带走。没想到服务员不同意，顾客很不高兴。但服务员很快抱来了一个完整的大西瓜，对顾客说，您既然这么爱吃我们家的西瓜，我怎么能让您带那么几片走呢，要带也得带一个整的。顾客被深深感动，后来成了海底捞的常客。

超预期，在员工激励上也会产生同样的效果。激励效果不取决于激励要素客观上的多寡，而在于是否超出员工预期。

如何才能做到超预期？我认为有两种方法。

第一种是降低期望。

激励资源的有限性决定了企业不可能在激励资源上无止境地投入，只有极少数的企业能够承担得起行业的领先薪酬福利水平，绝大多数企业只能量力而行。如果想用较少的激励资源达到超预期，方法之一是通过营造危机来降低期望。

一些成功的企业家往往是营造危机的高手。比尔·盖茨说："微软离破产永远只有 18 个月。"张瑞敏说："每天的心情都是如履薄冰，如临深渊。"柳传志说："你一打盹，对手的机会就来了。"李彦宏说："别看我们现在是第一，如果你 30 天停止工作，这个公司就完了。"

企业家把危机感传导给员工，才能够点燃员工同舟共济、拼死相救的激情，才能够触发和释放员工潜能，让员工的注意力集中到如何度过危机而不是利益回报上，员工对于激励方面的期望就会降低。在危机面前，成功渡过难关就已经令人鼓舞，如果企业再给予一点点经济性奖励，就会超出员工的期望，达到较好的激励效果。

当然，营造危机是有限度的，如果员工在危机面前弃"船"而逃，那就适得其反。所以，企业在营造危机感的时候，应该给予更多的非经济性激励，让员工能够与企业同呼吸共命运。

第二种是提高变动。

无论企业在激励要素上投入有多大，只要激励要素非常明确和稳定，就已经进入到了员工的预期边界。若想达到超预期，方法之二是提高变动，使一部分激励要素变得不可预期。

一些企业在基础薪酬保障下，强调激励的变动性和节奏感。它们将企业发展过程看作一次次战役，配合战役的节奏，在激励上一张一弛，根据战役结果论功行赏，很容易超出员工预期，发挥更高的激励效果。这就像人在运动中，必须先蹲下来才能跳得更高，必须先收拳再打出去才有力道一样。

华为就是一个擅长运用变动激励的典范。《华为基本法》第二十三条这样规定：我们坚持"压强原则"，在成功关键因素和选定的战略生长点上，以超过主要竞争对手的强度配置资源，要么不做，要做，就极大地集中人力、物力和财力，实现重点突破。在"压强原则"的指导下，华为的"人海战术"常常强大得让对手头晕。在实力不如对手或与对手相当的情况下，华为通过人力、物力和财力等资源的配置，与对手形成 100：1 甚至更高的力量对比，进而实施重点突破。

从《华为基本法》的制定到经营实践，华为的发展就像一部险象环生的战争史，找准一个点，动员百倍于对手的兵力，发起强攻，不达目的誓不罢休。在华为，员工不再是员工，而是斗志昂扬的战士，胜则举杯相庆，败则拼死相救！

5. 填补断层

潮水退去，才能发现沙滩上硌脚的是石子还是贝壳。人才问题必须去伪存真，抽丝剥茧，在逐一解决战略挖潜、组织挖潜、绩效校准和激励挖潜之后，如果仍然存在能力断层，那才是真正的"能力断层"。

如何填补能力断层？企业应该依次从三个层次着手。

业务外包

随着互联网技术的发展，信息时代下的组织方式越来越开放，无边界组织特征越来越明显，很多企业传统的功能都可以通过业务外包来实现。按照波特价值链模型，几乎在每一个环节上，都可能有外部专业机构提供相应的服务。比如房地产企业，在基本活动方面包括投资、规划、工程、销售和服务等环节，外部市场上有专业的房地产投资基金、规划设计、建筑工程承包、销售代理和物业服务等机构；在辅助活动方面，有专业的招标代理、造价咨询、流程管理、营销策划、猎头服务、人力资源基础管理、企业文化和战略咨询等机构。房地产企业如果愿意，在价值链的每个环节上都可以找到外包机构，所以有一种说法：房地产企业是"集成商"。

企业家都会算一笔账，是自己招募人才来做划算还是外包给别的机构划算。在产业发展初期，产业分工不充分，找到合适的外包机构是一件很难的事，外包的财务成本和时间成本高，企业自己招募人才来做是划算的。但随着产业分工的深化和竞争升级，将业务外包从整体上看比招募人才自己做更加划算，一是综合费用不高，二是企业可以更灵活地应对市场变化。

当然，有些业务是不能外包的，比如涉及企业核心竞争力的关键技术、资源和信息等，以及与企业价值观相关的战略和文化等组织功能。如果这些也外包了，企业就没有了生存的根基，也失去了灵魂。

业务外包能够嫁接企业之外的能力，快速弥补企业的能力断层，是第一层次的选择。如果评估结果是不适合业务外包，再进入第二层次。

内部培训

除了业务外包，填补能力断层的第二层次的选择是内部培训。内部培训的人才，不仅比外部招募的人才更能适应企业的文化和环境，而且培训本身还是一种对现有人才的激励，能使企业内部的人才看到能力提升和职位晋升的希望。

但是，内部培训要满足两个条件。

第一个条件是素质禀赋。有人打了一个比喻：如果想上树，必须找一只鸟，而不是一头猪。因为再笨的鸟，通过训练还是有可能飞上树的，而再聪明的猪，无论如何训练都不可能爬树。话糙理不糙，人与人之间是有素质禀赋的差异的，如果一个人的素质禀赋与培训方向不一致，培训再多再好也徒劳无功。

职业锚理论将人分为八种锚位，每个人的锚位都是固定的，这决定了一个人的职业方向，一生都难以改变和转移。比如技术／职能型的人，他们对自己的认可来自他们的专业水平，他们喜欢面对来自专业领域的挑战；而管理型的人追求并致力于工作晋升，倾心于全面管理，可以跨部门整合其他人的努力成果去承担更多责任。如果企业试图将技术／职能型的员工培训成管理型的人才，那就与他们的素质基础相背离，是不可能实现的。

第二个条件是时间窗口。从实施培训到受训员工在实际工作中体现出效果，要经历一个较长的周期。企业的生存环境变化越来越快，战略机会转瞬即逝，企业如果想通过培训的方式提升员工能力，等能力提升上来，机会已经没有了，那就不适合用培训的方式来填补能力断层。

人才招募

当企业无法采用业务外包的方式，也不能满足培训的条件，就只能进行人才的外部招募了。对外部人才的甄选，要把握三个标准。一是对口的经验，二是对口的素质，三是对口的价值观。

只满足第一个标准就可用，但很难挖掘出他的潜力，可能个人能力成长会跟不上企业发展的要求；同时满足第一、二个标准，他提升的潜力较大，不仅当前可用，未来也可用；同时满足三个标准，那他将是企业不可多得的关键人才，未来很可能会成为企业发展的中流砥柱。

二、人才投资型

人主导战略的情况下，企业发展进入了创新前沿或"无人区"，人才是战略探索和创新的源泉。"与你同行的人，比去哪更重要"，在这种状态下选人就像投资行为，只要人选对了，就意味着在竞争中胜出的概率更大。

一些企业是从传统经济时代特征下发展起来的，在知识经济时代特征日益明显的趋势下，企业里的创新业务越来越多，企业对高端人才的需求越来越迫切。但是企业原有的战略、组织和人才机制，不适应高端人才的引进、落地和能力发挥。突破这种类型的人才拐点，需要做好六个步骤。

1. 重新确认使命和愿景

高端人才很难用薪酬去吸引，只能用使命、愿景去感召。雅虎搜索引擎的发明人吴炯跳槽到阿里巴巴，工资降了一半，还失去了每年7位数的雅虎股权收入。香港 IT 高手 Tony 想加盟，马云说"每月 500元"，Tony 说"这个钱连给加拿大的女朋友打电话都不够"，马云说"你这个人没劲，不是我要的同事"，就掉头走了。Tony 在和阿里巴巴几个员工聊了聊后说："我还是在这儿干吧。"蔡崇信是耶鲁大学经济学学士与法学博士，曾任瑞典 AB 公司的副总裁，在一次业务访问后，他决定加盟阿里巴巴，AB 公司也因此决定投资阿里巴巴。阿里巴巴没有给员工提供高薪，但中国互联网产业中一批又一批真正有理想、有激情、勇于献身的仁人志士奔向了它。

企业走在创新的前沿，甚至进入到无人区，在战略路径上可以探索、试错和调整，但在使命和愿景上要非常清晰和坚定，只有这样才能吸引真正有理想、有能力的高端人才。所以企业需要重新检视使命是否有足够的价值和意义，愿景是否足够远大和激动人心，是否能够承载高端人才的理想追求。

2. 打造利于创新的组织

多数企业的组织是从传统组织模式逐步发展过来的，无论直线职能制、事业部制还是矩阵制，都遵从自上而下的意志传导逻辑，不利于员工自下而上的主动创新。为了适应以创新和探索为特征的新趋势，需要将传统组织模式调整为生态型组织，用平台化的服务最大限度释放人才能力。

2014 年，海尔集团开始对组织进行平台化改造，提出"企业平台化、员工创客化、用户个性化"的目标。按照张瑞敏的解释，企业平台化就是企业可以整合全球的资源来完成目标，从原来封闭的组织演变为一个可以自循环的开放生态圈。员工创客化就是让员工从被动的执行者变成主动的创业者。用户个性化就是用户已经成为一个中心，企业必须以用户为中心，满足用户的个性化需求。按照这个思路改造完之后，海尔的组织里就只有三种角色：平台主、小微主和小微成员。平台主搭建一个平台，要做两件事：一是把原来的组织结构、流程打散之后变成互联网式的；二是确保这个平台是开放的。小微主是创业团队的队长，可以利用社会化的资源、资金进行创业。小微成员是自我驱动型的创业者。

如果是新设立的企业，一开始就搭建生态型组织会有利于更好地吸引人才和使用人才；如果是存续的企业，需要从传统组织模式向生态型组织切换，必然会存在很多障碍，可以按照三种类型组织拐点的突破路径来推进。

3. 建立中长期激励机制

知识经济时代是一个共创、共赢、共享的时代，对这个时代的精英人才，企业需要建立完善的中长期激励机制，与他们形成利益共同体、事业共同体和命运共同体。

2010年至2012年间，万科高管大量出走，三年间大约有一半执行副总裁及很多中层管理人员离开，引发了万科"中年危机"的大讨论。在这种背景下，万科推出了合伙人制度，重新界定企业与员工的关系，防止优秀人才流失。万科的合伙人制度主要包括员工持股计划、项目跟投和生态链合伙人。郁亮认为，万科的合伙人制度有四个特点：我们要掌握自己的命运；我们要形成背靠背的信任；我们要做大我们的事业；我们要分享我们的成就。

越来越多的企业推行合伙人制或股权激励计划，目的就是将企业与员工的雇佣关系调整为伙伴关系，通过中长期激励机制，最大限度地保障人才的长期利益。

4. 人才雷达与引进

前面的三个步骤是对企业自身的改造，"筑巢引凤"才是最终目的。企业需要建立人才雷达扫描系统，对相关领域的领先企业和领先人才建立动态跟踪情报系统，掌握人才动态，建立沟通渠道，保持密切联系。企业要根据自身的战略布局及推进节奏，适时引进高端人才。

针对高端人才的落地，企业需要建立针对性的保障方案，做好入职引导、定期跟踪、资源协调等工作，使高端人才能够尽快适应新环境，进入新角色，正常开展工作。

5. 业务创新与推进机制

在知识经济时代，产业环境复杂多变，对企业家把握规律、预测未来的能力也带来了挑战。前面的路迷雾重重，能见度很低，企业家只能判断大致方向。业务的推进无法靠长期的、明确的计划，而只能在大致方向上，边探索、边修正，直至找到可行的路。

为了适应新情况，一种被称为 OKR（Objectives and Key Results）的绩效管理方法应运而生。它的全称是目标与关键成果法，于 1999 年由英特尔公司提出，后来被推广到甲骨文、谷歌、领英等高科技公司。现在 OKR 广泛应用于 IT、风险投资、游戏、创意等领域的企业。

OKR 的核心思想是，在创新领域，没有人能够确切知道下一步应该如何走，只能先提出一个目标进行尝试。一旦走不通，就需要改变路径，甚至改变原来的目标。它鼓励上下级之间共同确立目标，然后大胆试错，既要有目标的挑战性，又要有路径的灵活性，以此来保持企业的创新能力。所以在做 OKR 评分时，并非分数越高越好。如果满分 100 分，最好的分数是 60~70 分。因为 100 分意味着确立的目标不具有挑战性；而得分太低，则有可能是这个目标或相应的路径不具有可行性。在 OKR 考核中，分数并不重要，它仅仅是在发挥对目标和路径的引导作用，而能否在同行内保持领先或取得突破性创新，才是最重要的。

6. 业务转化

通过不断的探索和修正，一项创新业务的发展模式和路径会越来越清晰，市场竞争的趋势也会越来越明朗，创新业务将逐步转化为成熟业务。

创新业务是"人主导战略"，组织、业务计划都在变化之中；成熟业务是"战略主导人"，只要战略模式清晰了，就能够形成稳定的组织、明确的用人标准和长期明确的业务计划。

所以，企业的创新业务会逐步转化为成熟业务。当创新业务转化为成熟业务之后，需要按照"战略主导人"的逻辑来推动业务成长。但是企业持续成长需要培育新的增长点，在维持成熟业务的基础上，有可能围绕着新的增长点进入下一次创新之旅。

第七章
如何突破运营拐点

越是错综复杂的问题，就越要根据简单的原理和朴素的思想进行判断和行动。我想这是拨开云雾见南山，直接洞悉事物本质和解决问题的最佳方法。

——著名实业家、哲学家

稻盛和夫

　　运营拐点即专业化分工过度或业务不确定性过高导致的组织局部与整体之间脱节。突破运营拐点，就是要建立一种运营机制，让企业的局部与整体保持一致性。企业在"战略主导人"和"人主导战略"两种典型情况下，运营机制是不一样的，突破路径也不同。

一、目标驱动型

在战略主导人的情况下，企业规模的扩张势必带来更复杂的专业化分工，当分工达到一定程度，效率就会出现衰减，这种类型的运营拐点被称为目标驱动型。突破它需要做好七个步骤。

1. 梳理运营机制链

在既定战略之下，如何保障一个规模化企业的各部门、各层级协调一致、高效运行呢？是什么样的要素和机制在发挥着关键作用？

为了回答以上问题，我们先从一个管理故事开始。

一位企业家退休了，把企业交给了年轻的儿子。儿子走马上任，踌躇满志，要干一番大事业。但半年之后，他就有点垂头丧气。在退休之前，老企业家对企业的发展战略做出了明确的规划，儿子只需要带领员工把战略执行好就行。一切貌似很简单，但半年下来各项工作都没有什么进展，于是儿子去找老企业家求教：为什么您掌管这家企业的时候它能快速发展，而我忙了半年却徘徊不前呢？老企业家不紧不慢地从抽屉里拿出来一根软绳，把它抻直了放在桌子上，然后让儿子来推绳子的尾端，看能不能把绳子推动。儿子上前一推，绳子头并没有向前运动，而绳子的尾部却被推弯了。老企业家又让儿子去拉动绳子头。儿子上前一拉，这次绳子头向前动了，而且刚才被推弯的绳子尾部也被拉直了。老企业家意味深长地说："任何企业里都应该有一根绳子。要想运营好一家企业，必须找到这根绳子，并且不要去推绳子，而是去拉绳子，这样企业就能够朝着你期望的方向前行了。"

这个故事启示我们，企业运营效率不高，可能是以下三个方面出了问题：一是没有找到这根绳子；二是找到了绳子，但绳子是断裂的；三是虽然绳子是好的，但试图用推的方式让它向前走。

显然，找到这根绳子，就能够找到决定企业运营效率的核心机制。但是这根绳子是什么呢？让我们将复杂问题简单化，通过一个假设的管理场景来寻找这根绳子。

假设你是一个部门经理，有三个下属。你要出差一个月，临行前交代给他们一项任务。你希望出差回来的时候，他们能够把你交代的任务不折不扣的完成。这需要具备哪些必要的条件？

第一个条件是目标与责任。一项任务，目标越明确，被完成的可能性越大。如果目标模糊，每个人的理解都不一致，就很难想象它能被圆满完成。所以目标明确是执行任务的前提。目标一定要由"专人"来负责，否则责任就会被推来推去。三个和尚没水喝并非三个和尚担不动水，而是责任不明确，造成三个和尚"等、靠、要"，没人主动去承担责任。回到假设的场景，你走之前就必须给三个下属制定明确的目标，并且对三个人做出明确分工，指定一个人作为第一责任人。

第二个条件是计划与预算。只要做事就会消耗资源，包括人、财、物，甚至权力等。对于一项任务，给什么样的资源及给多少资源是合适的呢？这取决于计划。所以需要指导三个下属制订出实现目标的计划，并为他们配置适当的资源。

第三个条件是考核与激励。要让员工有动力去做事，就应该进行考核评价，考核的指标应该指向"正确的事"，并将考核结果与奖惩挂钩。

第四个条件是匹配的人。如果你给三个下属明确了目标与责任，也做好了计划与预算，还制定了考核与激励的规则，但你出差一个月后回来，发现他们仍然没有完成任务，那最可能的情况就是人的能力方面出现问题了。

通过这个管理场景，我们梳理出了运营中的那条"绳子"的关键逻辑（见图6）。绳子头是"目标责任"，然后是"计划预算""考核激励"，绳子尾是"匹配的人"，这就是目标驱动型的运营机制链。

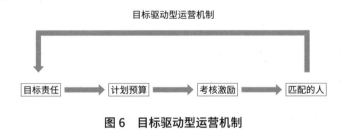

图6　目标驱动型运营机制

无论是三五个人的小企业，还是规模化的大企业，都有这样一根"绳子"存在。在小企业中，"绳子"的四个环节是隐形的，由管理者一个人来掌控。规模化大企业的"绳子"是显化的，会通过一些正式的管理手段或工具来界定，比如目标责任书、绩效考核指标、薪酬激励制度、任职资格等级标准等。

企业运营的好坏，与管理制度的多寡无关。规模化的大企业，"绳子"貌似完整，但实际上可能是断裂的、弯曲的；而小企业的"绳子"虽不明显，也不规范，但实际上可能是贯通的、顺直的。所以评价一个企业管理水平的高低，并不是看制度流程完备还是粗陋，而要看"绳子"是否真正贯通和顺直。

2. 战略向目标的转化

找到了运营机制链，接下来就要按照各环节逐一检查"绳子"有没有断裂。如果发现断裂环节，需要将它连接好。企业首先需要检查的就是目标，要判断战略与目标之间是否存在脱节。

很多企业战略不清晰，导致目标与战略之间缺乏一致性。所以需要借助成熟的战略模型和工具，对自身战略进行梳理和完善。可供企业选择的战略模型有战略三层次理论、战略地图、魏朱商业模式、商业模式画布等。企业可通过这些模型，对战略进行有结构、有逻辑、有体系的梳理，对存在的缺项进行完善。战略清晰之后，才可能基于战略设计一致性的指标，对指标赋予合适的指标值，形成企业的目标体系。

我们以某集团企业的战略地图模型为例，来说明指标设计与战略主题之间的一致性对应关系（见表1）。

表 1　某集团指标设计与战略主题的一致性对应关系

维度	战略主题与关键成功要素	指标设计
财务方面	F1：股东满意的投资回报	净资产收益率
	F2：集团整体利润提升	税前利润
	F3：主营业务收入增长	销售收入
	F4：集团总成本控制	成本费用总额
	F5：提高总资金周转速度	流动资金周转天数
	F6：良好的资产结构	资产负债率
顾客方面	C1：优化产业组合促规模扩张	
	C1.1：现金流业务：电气业务	市场占有率
	C1.2：发展型业务：地产业务	收入增长率
	C1.3：机会型业务：金融投资	项目平均收益率
	C2：关注战略客户的价值	
	C2.1：良好的客户体验	客户满意度
	C2.2：良好的银企关系	融资项目达成率
内部过程方面	I1：集团财务管控一体化	
	I1.1：资金一体化管理	资金利用率
	I1.2：全面预算管理	预算控制率
	I1.3：上市融资	上市融资额
	I2：战略资源管控一体化	
	I2.1：战略资源集团化采购	采购成本控制率
	I2.2：投资决策科学性	投资决策流程规范性
	I2.3：技术知识产权保护	专利数量
学习和创新方面	L1：人力资源管理战略性提升	HRBP 模式建立
	L2：推动企业文化建设	企业文化认识度
	L3：领导力提升	培训覆盖率
	L4：卓越执行力	人均收入增长率
	L5：人才结构优化	人才与战略匹配度

3. 责任与组织的匹配

如果目标与战略保持一致，接下来就需要排查责任落实的问题。责任落实的难点并不在于开始的时候找到责任人，而在于责任人背后所依托的组织结构的合理性及运行的规则。有三种情况容易导致责任人"责任逃脱"现象。

第一种是职责不清。不同职位在职责划分上不清晰，出现了职责交叉或重叠的现象。同一个目标，既可以说是你的责任，也可以说是他的责任。当任务完成得好，两人都去争功劳；当任务完成得不好，两人都把责任推卸给对方；或者干脆两个人都不去做，反正出了问题双方都有责任。

第二种是组织变动。责任人年初签订了目标责任书，但组织结构变化频繁，责任人的职责分工一年内变动了好多次，即使年底目标没有完成，也很难追究责任人的责任了。

第三种是越俎代庖。目标责任书界定了责任人的责任边界，但在执行过程中，上级对责任人的分内之事插手太多，导致最终责任说不清楚。比如某位管理者就成本控制签订了目标责任书，但上级在采购方面干涉太多，责任人无法对成本实施全面控制，最终导致成本目标没有完成，责任人就有理由不承担当初承诺的责任。

落实责任时，要尽量减少职责不清、人员频繁流动、职责频繁调整和越俎代庖等现象发生。有时候会因市场变化很快，企业不得不快速做出响应，由此带来组织结构及职责的变化、人员流动等情况。为防出现这种情况，企业可以尽量缩短责任周期，将一个长期规划解构成一系列的短期动作。这样，企业层面可以根据市场变化，及时调整长期规划。规划的调整对那些承担短期责任的员工来讲，冲击并不大。员工只要承担起短期责任，做好每一个短期动作就可以了。

4. 目标向计划转化

企业制定出目标，落实了责任，就需要为目标的实现设计出可行的路线图，即制订计划。对于制订工作计划，管理者们肯定不陌生，但很多习以为常的做法却让计划失去了真正的意义。

以部门为单位制订计划

这种做法可能产生的问题是：以部门为主体做的计划与企业的目标脱节，形成表里两张皮。

目标是支撑战略的，对关键成功要素没有支撑的目标毫无意义。计划是用来支撑目标的，没有目标指向的计划也毫无意义。计划应该与目标一一对应，每一个目标都应该有一个专项计划来支撑。企业只要确定了目标，就能明确需要哪些专项计划，进而形成专项计划清单。这些专项计划由谁来负责制订呢？这要结合企业的部门职责分工，由相关性最强的部门来主导。有可能一个部门会制订几个专项计划，也有可能一个专项计划由一个部门主导、其他几个部门配合来制订。所以计划的制订不应该以部门为单位，而要从各级目标出发，先确定专项计划清单，再分配到各部门来制订。

各部门齐头并进，制订自己的计划

这种做法可能产生的问题是：自说自话，违背了企业内部价值链之间的基本逻辑。

企业的运营活动可以分为三类：一类是面向市场的营销活动；一类是响应营销活动的供应、研发和生产等活动；一类是提供职能服务或管控的活动，比如财务、行政、人力资源管理等。这三类活动是有逻辑顺序的：营销计划没有确定下来，供应、研发和生产方面的计划就无法制订；前两类计划不确定下来，职能管理类的计划就无法制订。因为供应、研发和生产是以营销为导向的，职能管理是以营销和供应、研发、生产为导向的。导向不明确，各部门做出来的计划只能是自说自话，失去了整体协调的作用。

为了保障目标向计划转化的一致性，需要基于目标制订计划目录，由责任匹配部门制订计划内容，并且要遵循业务价值链的基本逻辑，依次进行。

5. 计划与预算的匹配

很多管理者把预算理解为财务预算，其实预算的本质目的是资源的有效配置，资源包括人、财、物及权力等，所以预算不仅仅是财务预算，也不仅仅是财务部门的事。企业的资源是有限的，但一些企业的预算做法，却造成资源被错配或浪费。

基于历史数据做预算

预算的依据是将前几年各部门的资源配置情况统计出来，按照历史水平确定下一年的预算额度。比如行政部门，前三年的部门费用预算平均为300万元，下一年本着提高效率、降低成本的指导原则，在历史水平的基础上节约10%，那么下一年的部门费用预算就是270万元。

基于话语权做预算

通常各部门在企业里的地位是不一样的，有的部门话语权大，深得老板的重视，在预算时就可以争取更多的资源；有的部门比较弱势，老板也不关注，在预算时获得的资源就很少。形成了"会哭的孩子有奶吃"的分配逻辑。

这两种做法都不是预算的正确做法。历史数据代表的是过去的做法，而下一年的做法如果与过去不同，所需的资源可能完全不同。如果企业处于创新转型的阶段，历史数据不仅参考价值不大，还有可能带来思维上的局限。当没有明确的预算依据时，话语权成了关键影响因素。但话语权大的部门并不一定代表所需配置的资源多，所以它争取的过多资源会造成资源的浪费，而真正需要的部门却得不到足够的资源，导致计划无法完成。

企业需要严格以计划为先导，制定资源预算，使有限的资源发挥最大的价值，"好钢用在刀刃上"。

6. 纠偏与激励挂钩

目标责任、计划预算在"起点"上的内在一致性，并不一定能够保持到"终点"，运营过程中会出现偏差。如果不能及时纠偏，运营结果就会与目标相去甚远。

我们借助一个管理故事来说明纠偏的重要性。

某企业月初定下目标：月底之前在高墙上钉一颗钉子。为了完成目标，需要制订相应的计划，也就是钉钉子的路线图。经讨论认为，需要一个梯子去钉钉子，但没有现成的梯子，需要造一个梯子，因为没有原材料，所以需要去找木材。路线图经过层层分解之后，就把找木材的责任落实到了员工张三头上。张三非常积极，出去找了好几天，回来向上级汇报，说附近没有好木材，要想找到好木材，应该去深山老林，他自告奋勇要进山。上级认为张三是个好员工，为了工作不辞辛劳、不惧艰险，主动申请去深山里找木头，于是就允许他进山了。半个月之后张三回来了，说他找到了一根非常好的木材，特别适合造梯子，但运出山很困难。如果木材运不出来，张三半个月的工作就白干了，那多可惜！上级派人跟着张三到深山里去运木材。眼看月末已到，木材才运到半路。此时，张三也因为连日奔波、风餐露宿，病倒了。最终结果是月初定的目标没有完成。

在这个故事中，出现了两个偏差。一是分解的偏差，"钉钉子"的目标传递到员工张三身上时，偏差成了"找最好的木材"；二是执行的偏差，张三工作进展状况越来越偏离原定的目标，导致原来的路径丧失可行性。

第一个偏差，可以通过提高战略、目标、计划的一致性来消除；第二个偏差，则需要定期以终为始，检讨路径的可行性，如果原来的路径丧失了可行性，必须重新规划路径。

企业通常是以召开经营分析会的形式来实现运营纠偏的。但很多企业将运营分析会开成了信息沟通会、责任推脱会、长官意志会、兄弟见面会。实际上运营分析会最核心的目的是纠偏。各部门、各业务单位除了常规问题的汇报沟通之外，需要重点研讨的是：目前的进展情况，以及其是否影响原定季度目标、年度目标的实现；如果影响，必须采取哪些补救措施；这些补救措施如何落实到下一阶段的工作计划中。如果无法补救，需要废止原来的计划，重新制订计划和匹配资源。只有这样定期地回顾、评估和调整，才能始终以原定目标修正当下行为，保障原定目标的实现。在这个管理故事中，如果及时评估出"通过造梯子来钉钉子"这条路径已经不可行了，并且重新规划路径，比如"找几张桌子摞起来去钉钉子"，原定的目标就有可能实现。

为了纠偏调整及时到位，必须与奖惩机制挂钩。员工的绩效考核指标需要与目标计划高度一致。当计划调整时，指标要随之进行调整，指引员工的行为。按照指标要求行事的员工，应该得到奖励，否则就应该受到处罚。

7. 人才匹配和优化

匹配的人才，是运营机制的落脚点。如果人才不能满足企业发展要求，所有关于战略、目标、计划、责任、预算、考核、激励等的设计，都是纸上谈兵。企业应该保障人才能力满足基本要求。

如果运营机制上的其他任何一个环节出现了问题，就会传导到人才上来，对人才的状态产生恶性影响。我们可以把企业里的人简单地分为三类：一类是奉献者，他们的付出是大于回报的；一类是打工者，他们讲究等价交换，一分耕耘就要有一分收获；一类是偷懒者，他们是搭便车的人，付出少于回报。如果运营机制的其他任何一个环节出了问题，传递到尾端的价值标准都是不公正的，无法分辨出谁是奉献者、谁是打工者、谁是偷懒者。奉献者没有得到认可和奖励，偷懒者没有得到警示和惩罚。奉献者会觉得不公平，逐渐失去对企业的热爱，把自己变成一个打工者，偷懒者或者选择离开。打工者看到偷懒者也照样能拿工资和奖金，会逐渐变成偷懒者。结果奉献者越来越少，偷懒者越来越多。虽然还是那些员工，但由于心态的变化，他们所发挥的能力水平却与当初差异很大。相反，如果运营机制的其他环节都是高度一致的，那么对员工的心态会产生良性影响，他们的潜能就会被激发出来了。

为了让优秀的人才尽可能地担当关键职位，企业还需要建立员工流动机制，比如轮岗机制、竞聘机制，让能者上、庸者下，不断优化人才结构，为企业进入下一个运营周期奠定更优秀的人才基础。

二、人才驱动型

人主导战略的情况下，企业往往处于创新领域，由于业务不确定性高，企业系统很难保持内在一致性，势必影响运营效率。这种类型的运营拐点被称为人才驱动型，突破它需要做好五个步骤。

1. 梳理运营机制链

在只有一个战略方向而没有明确的目标和路径的情况下，如何保障企业内部各专业团队、各管理层级协调一致，高效运行呢？是什么样的要素和机制在发挥着关键作用？

前文中介绍了"战略主导人"情况下的运营机制链，我们可以通过"人主导战略"与"战略主导人"两种情况的对比，来梳理"人主导战略"情况下的运营机制链。对比之下，"人主导战略"呈现出四个新特征。

特征一：目标只是个象征

我曾采访过一位做汽车后市场O2O（Online To Offline，线上到线下）服务的创业者，他的企业经营了一年多，拿到了 A 轮融资，团队有 50 多人。我问他给自己定的经营目标是什么，他思索了半天说，争取年内获取 100 万个活跃用户，收入达到千万元。不过他补充说，市场变化很快，竞争对手很多，类似的创业项目层出不穷，他不确定这个目标是否一定能够实现，但他会带领团队做出最大的努力。

这类企业由于处在新兴领域，没有成熟的商业模式可以借鉴。每一个市场参与者都在摸索前行，只能确信方向是正确的，至于谁能到达成功的彼岸，则充满着不确定性。目标只是一个象征，这导致"战略主导人"情况下运营机制链的逻辑起点被虚化了。

特征二：任务角色重于职位角色

"战略主导人"的情况下，战略决定组织，组织通过职位来定义人才，所以组织中的职位角色是非常重要的。而在人主导战略的情况下，人才定义目标，人才根据目标组建团队，以项目的形式运行，组织可以看成由一个个项目构成。项目立项之后，就相应地确定参与项目的人员，根据项目内容和组员的专长确定项目分工。组员们每天在一起工作，随时沟通交流，根据项目推进情况，每个人做的事也在不断调整。项目结束后，项目组解散，组员由企业安排进入到新的项目组。原来的组员进入新项目组后，可能会承担不一样的角色。所以每一位员工都没有稳定的职位，他们因为项目而组合在一起，根据项目的需要而变换角色。

在这种新的组织逻辑中，任务角色重于职位角色，它使传统的组织理论和管理工具不再适用。比如编写职位说明书，在传统组织中非常必要，但在这种组织中，却很难应用。相应的，职位评价工具也就没有意义了。

在传统组织中，责任需要通过清晰、稳定的职位分解落实；而在新的组织逻辑中，责任需要通过角色来分解落实。如果角色调整过于频繁，责任只能落实到团队层面，而非个人层面。

特征三：计划随时调整

在传统计划管理的逻辑里，计划是为了减少变化。企业在做出整体计划之后，各级管理者和员工按部就班地执行就可以了。尤其是基层员工，更希望上级管理者说话算数，不要朝令夕改。但在"人主导战略"的情况下，环境变化非常快，长期计划很快就会由于环境条件的变化而失效，"朝令夕改"从在传统计划管理逻辑里试图消除的行为，变成了一个正常而必要的行为。

特征四：以事为中心变为以人为中心

战略主导人的情况下，一条被大家普遍接受的原则就是因事定人，尽量不要因人设事。所谓规范管理，就是不要根据现有的人才基础来设计组织，而是要根据企业的发展战略设计组织结构，按照岗位职责和任职要求去选聘人才。那些所谓不规范的管理现象，通常是因人设事导致的，这使得企业的管理逻辑扭曲混乱，成为管理学家批判的对象。传统型企业里人力资源管理的机制也是以事为中心的，比如：绩效考核，所有的指标是从企业角度认定的"正确的事"；培训提升，是按照员工与任职标准、业绩要求的差距进行设计的；处理员工关系，是以企业的利益为准则的。

人主导战略情况下，战略只是一个方向，目标只是一个象征，什么是正确的事连企业家自己都无法明确界定。在这种情况下，人就变得非常重要，人决定着能做出什么事，人的能力和人的意愿决定着事能做到什么程度。所以人力资源管理必须转型到以人为中心，靠人来做事。很多创新型企业就是以人才为战略驱动要素的。华为早在2000年左右就实施过"IT人才掠夺计划"，在应届本科毕业生平均月薪还是800~1200元的时候，华为开出了5000元以上的"任性"价招聘无线电专业优秀毕业生，有的班级几乎全部被招进华为。

这四个新特征会给运营机制带来哪些改变呢？我认为运营机制的基本要素没有变，但基本要素之间的驱动关系变了。原来是目标拉动"绳子"向前运动，现在是人才驱动"绳子"向前运动。人才自下而上提出一个假设目标，然后想尽各种办法去实现。一旦行不通，就及时调整计划；一旦验证假设目标不合理，就及时调整目标。通过不断探索，找到通往未来的路，直到形成明确而稳定的战略，才会重新转化为目标驱动型的运营机制。

我将这种新的机制称为人才驱动型运营机制，绳子头是"匹配的人"，然后是"考核激励""计划预算"，绳子尾是"目标责任"（见图7）。当形成明确而稳定的战略之后，就会转化为目标驱动型运营机制。

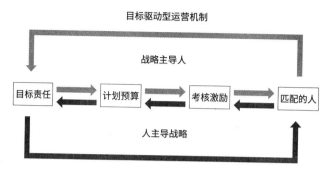

目标驱动型运营机制

战略主导人

| 目标责任 | | 计划预算 | | 考核激励 | | 匹配的人 |

人主导战略

图7　目标驱动型运营机制与人才驱动型运营机制的互相转化

2. 拉升使命愿景高度与人才等级

根据人才驱动型运营机制链，企业运营的逻辑起点是人才，人才决定着企业的成败。选对了人，企业就可能创建一种新的战略模式，决胜未来；选错了人，企业就注定会失败。但对错的标准是什么？没有明确的答案。所以选人就像一种投资行为，投资就要承担风险。

此处所说的人才，不是指普通员工，而是指某一个专业领域的核心人才，他们能够开创性地研究和探索，而不是模仿与借鉴。只有这样的人，才会给企业带来突破性的创新。这类人才不是常规的薪酬福利能够吸引的，企业必须在使命愿景上与其达成共识，并且使命愿景要能够承载得了这类人才的梦想，对其产生足够的吸引力才行。

企业必须重新评估使命愿景是否能够感召行业里的核心人才，如果感召力不够，就必须拉升使命愿景的高度；同时也必须评估企业现有专业团队带头人的能力水平，是否属于专业领域内的开创型人才，如果达不到这样的标准，就需要调整人才。

3. 完善中长期激励机制

　　创新与探索难免会犯错或反复，如果用短期激励机制，会让人才过多地顾虑眼前得失，束缚了手脚，而使创新裹足不前。所以在短期激励机制上应该简化，避免分散或干扰人才的精力。在中长期激励机制上，则需要重点完善或设计，与核心人才建立共创、共享的利益机制。

　　某科技企业为了引导技术研发人才将精力专注于工作上，实行简单的短期激励机制，每月只发放固定工资，工资标准处于行业领先水平，没有考核工资、月度奖金、季度奖金。表面上看，存在"干好干坏一个样、干与不干一个样"的不公平现象，但好处是技术研发人才平时不用考虑利益得失，因为一时犯错或短时间内没有业绩不会影响日常收入。但在中长期激励机制上，企业做了非常有竞争力的安排：一是长周期（超过三个季度）项目奖金，二是年度奖金，三是股权激励计划。企业通过中长期激励机制，让核心人才坚定一个信念：只要自己能取得有价值的成果，企业就会与自己分享利益。短期利益不用担心，长期利益又有保障，技术研发人才的能力就被充分激发出来了。

4. 资源分配权向调用权转化

　　目标驱动型运营机制下，管理者掌握着资源配置权，根据计划需求来分配资源，执行者是资源的接受者和使用者。但在人才驱动型运营机制下，很难制订明确的长周期计划，取而代之的是高频变动的短周期计划，这使管理者分配资源变得非常困难和低效。更有效的做法是执行者需要什么资源，就调用什么资源。所以需要将掌握在管理者手中的资源分配权转化为执行者的资源调用权。

华为为了适应市场竞争，在以技术为中心向以客户为中心的转型中，提出了"让听到炮声的人呼唤炮火"的理念，这是从美军特种部队作战方式中总结出来的。美军在阿富汗作战，原先前线的连长指挥不了炮兵，要报告师部请求支援，师部下命令，炮兵才"开炸"。现在授权明确，特种战士一个通信呼叫，飞机就"开炸"，炮兵就"开打"。前线三人一组，包括一名信息情报专家，一名火力炸弹专家，一名战斗专家。当发现目标后，信息专家利用先进的卫星工具等确定敌人的集群、目标、方向、装备……炸弹专家配置炸弹、火力，计算出合适的作战路径，然后战斗专家用通信呼叫炮火，对敌人实施打击。这种作战方式，就是后方响应前方的呼唤及时提供炮火支援的经典方式。华为根据这种理念，允许市场一线作战团队在授权范围之内，根据需要直接调用资源，不需要上级审批，极大提高了市场拓展的效率。

5. 短目标计划向长目标计划转化

创新业务的探索，会经历一个模糊到清晰、不确定到确定的渐变过程。当目标模糊、不确定时，只能摸着石头过河，用 OKR 绩效管理方法和短目标计划不断调整和推进；当目标逐步清晰和确定时，就能够看得更远，可以用较长周期的目标计划推进，直至目标变得明确稳定。

比如技术路线、客户需求、商业模式，在开始阶段都是模糊的。但是技术路线确定了，就可以制订相对明确的技术开发计划；客户需求清晰了，就可以确定相对明确的市场开发计划；商业模式清晰了，就可以确定相对明确的运营计划。哪个要素条件成熟了，就可以从短目标计划转化为长目标计划，直至整个业务体系都清晰稳定。当整个业务清晰稳定了，运营机制就从人才驱动型过渡到了目标驱动型。

第八章
如何突破文化拐点

我觉得最好的公司，不是因为创始人想要成立公司，而是因为创始人想要改变世界。

——Facebook 创始人兼首席执行官

马克·扎克伯格

　　企业文化拐点的五种情形，从根源上看可以分为两类。第一类根源于企业成长，导致了"战略封顶""效率衰减""对对之争"和"舆论危机"；第二类根源于企业文化的管理体系，导致了"文化失信"。企业文化拐点的突破，也相应地针对两种类型：文化成长型、体系建设型。

一、文化成长型

伴随着企业的成长，新冲突和新矛盾会不断涌现，企业文化如果无法对冲突矛盾的解决提供理念指导，这些冲突矛盾就会不断放大蔓延，肆意发展，对企业发展形成制约。

这种类型的文化拐点称之为文化成长型，突破它需要做好六个步骤。

1. 诊断文化基因缺陷

无论企业发展到多大规模，拓展多少业务种类，经历多少变革，其内在的文化基因都是相对稳定、一脉相承的。

文化基因是企业文化的基础，只有优秀的文化基因，才能够发育出优秀的文化理念体系，而有缺陷的文化基因，注定无法承载和引领企业长期发展。寻求企业文化拐点突破路径，应该还原出企业文化基因，并诊断文化基因缺陷，然后判断哪些文化基因缺陷可以修复，哪些无法改变，对文化基因能改造到什么程度有一个理性的认知和选择。

理论点睛：文化基因及缺陷类型

若想弄懂企业的文化基因，就要从企业的创业起点开始谈起。创业具有很强的偶然性，往往是天时、地利和人和的一次因缘际会。换一句话讲，就是"某个人在某个时间遇到了某件事"。企业的文化基因是由人和事（业务特征要求）耦合而成的（见图 8），它是否强大取决于人和事之间的匹配程度。这里说的人显然是创业者，而不是跟随他的员工。创业者的价值观和行事风格，形成了企业的管理理念；而事本身有其客观规律和竞争特点，基于事的理念形成了企业的经营理念。这两种理念融合，就形成了企业的文化基因。

基于创业者形成的管理理念

基于业务特征要求形成的经营理念

图 8　企业文化基因的融合

创业的成功率是非常低的。据统计，全世界每年都有上千万家企业成立，但是三年之后这些企业还存在的不足 10%。创业为什么容易失败？这往往是文化基因缺陷导致的。文化基因缺陷有以下四种类型。

（1）缺陷产生于人

观念的不同，决定人的境界不同。著名哲学家、教育家冯友兰先生认为人的觉解有四重境界。

第一重境界是自然境界：一个人做事，可能只是顺着他的本能或其社会的风俗习惯。就像小孩和原始人那样，做他所做的事，然而并无觉解，或不甚觉解。这样，他所做的事对于他就没有意义，或只有很少意义。

第二重境界是功利境界：一个人可能意识到他自己，为自己而做各种事。这并不意味着他必然是不道德的人。他可以做些事，其后果有利于他人，其动机则是利己的。所以他所做的各种事，对于他有功利的意义。

第三重境界是道德境界：这样的人了解到社会的存在，他是社会的一员。有这种觉解，他就会为社会的利益做各种事，或如儒家所说，他做事是为了"正其义，不谋其利"。他是真正有道德的人，所做的各种事也都有道德的意义。

第四重境界是天地境界：一个人了解到超乎社会整体之上还有一个更大的整体，即宇宙。他不仅是社会的一员，同时还是宇宙的一员。他是社会组织的公民，同时还是孟子所说的"天民"。有这种觉解，他就会为宇宙的利益而做各种事。他了解他所做的事的意义，自觉做他所做的事。这种觉解为他构成了最高的人生境界。

创业者作为一个特定的群体，由于观念不同，其创业的心态和思维也适用这四重境界。有的创业者只是顺着本能和习惯做事，在无觉解的状态下随波逐流，对应的是自然境界。有的创业者以利益为中心，为了达到利益目标不择手段，不辨是非，没有一贯的做事准则，没有道德底线，对应的是功利境界。有的创业者能够自觉恪守道德底线，做到"君子爱财，取之有道"，"正其义"是目标，"谋其利"是一个顺带的结果。正如德鲁克说的，利润不是一项目标，而是由企业战略、企业需要和企业风险等客观因素决定的一种必要条件，也是经营的结果和回报。这种创业者对应的是道德境界。有的创业者能够以推进人类进步的视野和胸怀去经营企业，对应的是天地境界。

第一种创业者，没有觉解的愿望和能力，不可能形成明确的管理理念。第二种创业者，为了利益不惜采取各种手段，甚至突破道德底线，也不可能形成稳定的管理理念。只有第三种和第四种创业者，才可能形成明确、稳定的管理理念。如果创业者属于第一、二种，就会造成文化基因缺陷。

（2）缺陷产生于事

事有其客观规律和竞争特点，当企业的经营理念与业务本身的客观规律和竞争特点相匹配，业务就能够得到不断提升和发展；反之，经营理念背离业务的客观规律和竞争特点，就会削弱企业的竞争力，甚至使得企业被淘汰出局。

经营理念是由创业者对业务的认知决定的。有一个认知学派，认为战略是企业家主观上的认知活动，是对商业世界的一种解释。显然，不同的企业家对商业世界的解释是不一样的，那么认知不同就会导致战略不同，形成不同的经营理念。

德鲁克早在1954年就提出了事业理论，他经常问企业家和管理者的问题是："我们的事业是什么？""我们的事业将是什么？""我们的事业应该是什么？"对这些问题的回答就是对商业世界的假设，据此提炼的经营理念必须接受现实的考验。如果这些理念与客观现实是一致的，企业家做出的经营决策就能顺应规律，达到预期目标；反之，依据企业家的经营决策行事，就会在市场上处处碰壁。

比如两个在某三线城市发展的房地产开发企业，第一个企业的事业理论是"品质好的房子一定符合客户需求"；第二个企业的事业理论是"价格便宜的房子才能符合客户需求"。经过几年的发展，第二个房地产企业活了下来，第一个退出了市场。这是因为第二个企业根据自己的认知提出了假设：某城市里的客户更看重价格。这个假设恰恰反映了客户需求，他们不会太关心房子户型和朝向的问题，他们只关心价格。即便每平方米只差五十元，客户也会毫不犹豫购买便宜的。所以事业理论也好，认知学派也罢，用来指导企业经营的理念只有与业务的客观规律和竞争特点相匹配，企业才能进一步发展。否则就会形成文化基因缺陷，导致企业经营难以为继。

（3）缺陷产生于人与事的匹配度

基于人的观念偏好形成的管理理念与基于事本身的客观规律和竞争特点而形成的经营理念不一定是天然匹配的。两者之间的匹配度越低，企业就越难获得成功；匹配度越高，企业就越容易成功。

有一位老板是做房地产开发业务的，后来看到房地产行业调控力度不断加大，就有了多元化发展的想法。在寻找发展方向的过程中，他发现本地有一家生产方便面的企业，尽管规模不大、利润率不高，但发展一直很稳健。他就盘算着把这家企业给收购过来，于是派谈判人员与这家方便面企业进行了多轮沟通。老板本来势在必得，却在临门一脚的关键时刻被方便面企业拒绝了。这是为什么呢？原来方便面企业经过审慎评估，认为两家企业的业务特征差异太大。如果方便面企业被收购，双方势必会有理念冲突，从而伤害到方便面业务的健康发展。以一个管理细节为例，房地产企业做预算，单位都是万元，个位数都取整，而方便面企业做预算，单位都是分，数字要在小数点后面保留两位数。这样来看，房地产企业做预算的时候抹去的零头，可能就是方便面企业一车皮产品的全部利润。

房地产开发企业的业务特征是资源驱动，资金大进大出，经营周期长，决策风险大，与之匹配的老板应该是一个抓大放小、善于运作、敢于决断和偏好风险的人。而方便面企业的业务特征是注重品质安全、控制成本、细节管理、决策风险相对较小，与之匹配的老板应该是一个重视管理、精打细算、循规蹈矩和规避风险的人。如果让一个能把房地产业务管理好的企业家来管理方便面业务，那么在抓大放小的指导方针下，那些来自细节的利润会在指缝里流失掉，而擅长运作、勇于决断的优势在方便面业务里亦没有用武之地。所以越是能把房地产业务经营好的老板，就越经营不好方便面业务，因为这两种业务所需匹配的管理理念是截然不同的。

如果人与事的匹配低于一定程度，就会形成基因缺陷，导致企业无法持续发展。

（4）缺陷产生于企业内部文化与社会价值观的匹配度

企业的文化理念应该在社会价值观容许的范围之内，一旦突破边界，势必受到社会的谴责和约束。

有一家企业曾给我留下深刻印象。初次拜访，我与老板相谈甚欢，临近中午到楼下的餐馆吃饭，企业的几个副总一起作陪。吃完饭之后，老板从钱包里掏出了一百元钱，其他副总也都在掏钱。我意识到原来他们吃饭是 AA 制，只不过我那一份由老板代付了。深入接触这家企业，我还发现了很多特别的规矩，比如企业内部不允许互相借钱。对此，老板是这样解释的：我们倡导简单的工作关系，同事之间一旦牵扯太多的金钱关系和人情往来，就把简单的工作关系给搞复杂了，很多制度在执行上就会因互讲情面而大打折扣，使得管理效率降低。从表面上看，不请客、不借钱，貌似不近人情，但限定在企业内部推行，并不影响员工与外人的交往，与社会价值观并不冲突，所以它的管理理念是在社会价值观容许范围之内的。

一旦文化理念突破了社会价值观容许的范围边界，就会遭受社会的谴责和约束。2013 年，百度的广告收入是 260 亿元，光莆田的民营医院在百度上就做了 120 亿元的广告，而这些医疗广告并不是按照医院的医疗水平而是按照医院出价的高低来排名推荐的。"魏则西事件"只是这种经营模式和经营理念与社会价值观冲突的一次集中爆发。为此，百度被迫重新审视公司的商业模式。

如果企业内部文化理念与社会价值观相冲突，就会形成基因缺陷，为企业发展壮大埋下隐患。

根据上述逻辑，可以还原出企业的文化基因，判断文化基因存在哪些缺陷。由于每个企业的具体情况不同，有些条件可以改变，有些条件无法改变，企业需要对文化基因的哪些缺陷可以修复哪些不可以修复，做出明确的判定和选择。

最难修复的基因缺陷，莫过于企业家的价值偏好和管理风格导致的缺陷。德鲁克曾说，一个企业只能在企业家的思维空间之内成长。中国也有类似的谚语：再大的饼，也大不过烙它的锅。企业家的改变通常有两种方式：一种是不撞南墙不回头，吃了大亏才会改变自己；另一种就是自我修炼，不断批判和否定自己，提升自身的境界水平。正如前文引述的冯友兰对人的四重境界的说法，企业家要将自身境界提升到道德境界，甚至天地境界，才能有更大的视野和格局，才会在利益衡量和取舍上做出更有利于社会和人类发展的选择，成就更伟大的事业。而企业家的管理风格，源于个人的性格特征，并且是企业家以往成功的关键禀赋，是企业家自信的基础，这决定了改变管理风格是非常困难的事。但也不排除个别企业家随着境界提升，对自身个性和风格做出主动调整。当企业家个人的管理风格无法调整时，为了适应企业成长所需的管理风格改变，企业可以通过组建风格互补型团队来解决。

2. 识别文化冲突

企业成长初期，企业家的个人理念就是一个企业的理念，因为企业家在企业中占据主导和强势地位，其他人即使有不同的理念，也无法与企业家抗衡，要么顺从，要么离开。所以经常说"企业的文化就是老板的文化"。

随着企业的成长，会遭遇战略拐点而转型提升，会对组织方式做出匹配性的调整，会不断地引进人才，吐旧纳新，会遇到越来越复杂的运营问题，这些都可能会给企业带来前所未有的冲突。企业必须对这些冲突确立新的是非判断标准，决定向左还是向右，否则企业会陷入混乱。企业文化就像一棵成长的树，每遇到一次冲突，确立一个新的是非判断标准，就像长出了一条新的枝杈，使树长得更加茂盛，文化理念也就变得丰富起来。

企业家个人色彩会在企业文化的冲突、碰撞和调整中，逐步被弱化，企业文化将由企业家的个人文化演化为组织文化。当然，组织文化与企业家的个人文化不会是互斥关系，而是包含关系。否则，老板一定会与这种组织文化决裂。

所以文化的提升，来自企业发展过程中的冲突。每一次冲突的解决，都是对企业文化的一次丰富。只有准确识别和把握企业文化冲突，才能够找到文化提升的关键点，解决根本性问题。为了更好地识别和把握文化冲突，我总结出五种类型，分别为战略升级、多元化、人才引进、企业家更迭和并购整合。

理论点睛：文化冲突的五种典型情况

（1）战略升级型文化冲突

前文中，识别文化拐点第三种情形讲到的万科人事冲突，就是战略升级型文化冲突。销售经理秉持的理念是维护企业利益最大化，保障项目开盘成功；销售主管主张的理念是维护制度权威。在万科发展初期，维护企业利益最大化是值得倡导的理念，但在全国扩张的阶段，规范化管理是扩张战略实现的基础保障，维护制度权威成为更重要的理念。所以万科集团总部最后的处理意见是按制度规则办事，不同意辞退销售主管。销售经理由于无法接受这样的结果，选择了辞职。

（2）多元化型文化冲突

一些企业多元化业务差异较大，在从原业务延伸到新业务过程中，产生文化冲突。国美电器曾是电器流通领域一家叱咤风云的企业，其依靠自己的行业地位，延长供应链的财务账期，形成了充裕的现金流。为了充分利用现金流价值，老板黄光裕开始向房地产行业拓展，成立了鹏润地产集团，引进精英人才组建管理团队。从家电流通领域多元化延伸到房地产行业，带来了深层次的文化冲突。房地产管理团队认为，黄光裕将国美电器的管理模式移植到房地产业务是不可行的，很难让人接受。比如要求他们每天开早会和晚会，执行和国美电器同样的人事考勤制度。更严重的冲突体现在利润分配机制上，项目投资团队成功获取某地块使用权，按行业惯例会得到奖金。但黄光裕认为他们之所以能取得这块土地的使用权，是因为黄光裕本人的财富实力和社会影响力，投资团队的贡献不大。可见，投资团队和黄光裕对价值贡献的评价标准差距很大。这种文化理念冲突逐步由隐讳走向公开。黄光裕一气之下把鹏润地产总监级以上管理团队全部辞退，造成一次轰动业界的人事地震。

（3）人才引进型文化冲突

企业在发展过程中，需要不断引进人才。如果人才是一个个从外部引进的，作为主体的企业就会对个人有较强的影响力，可以改变和修正个人文化。如果引进的是一个整建制的团队，企业对外来团队的影响力就要比对个人的影响力弱得多。外来团队有更强的力量来对抗企业的主体文化。如果这种对抗势均力敌，文化分不出主次，就会对企业原来的文化造成严重的冲击。

一家科技型企业主要研发和销售智能电子产品，长期与德国客户打交道，非常认同德国人的工匠精神和创新精神。为了推出更具竞争力的产品，这家企业收购了一个创业团队。这个团队在做产品研发时有急功近利的特点，拿出的产品更多的是市场上流行产品的翻版和改装，这与企业崇尚的工匠精神和创新精神格格不入。管理层发现这个问题之后，认为这是文化层面的根本差异，是不能包容和迁就的。所以尽管承受了巨大的财务成本和时间成本，企业还是毅然决然地放弃了这个团队。

（4）企业家更迭型文化冲突

"世界上没有两片完全相同的树叶"，也没有完全相同的人。企业家出现更迭，会给企业注入不同的文化理念，造成新旧文化冲突。

从2004年开始，王石将万科的管理权逐步移交给郁亮，文化冲突也随之显现。在2004年的发展规划畅想会上，郁亮提出了一个大胆的计划：十年之后万科会做到1000亿元的规模。王石立马泼一瓢冷水："年轻人要沉住气！不要被顺驰弄乱了阵脚。"尽管郁亮做了大量客观理性的分析论证，最后得以将千亿目标写进了规划，但王石在接受媒体采访时仍表达了自己不同的看法："目标是一个概念，结果又是一个概念。结果有可能是1100亿元，也有可能是900亿元，但我觉得并不重要。"

2009年郁亮就曾多次向媒体吹风，说万科并非绝对不做商业地产。舆论铺垫做足了之后，在当年11月，郁亮宣布万科新战略，称万科未来将加大持有型物业的储备，并在近期陆续推出养老物业、酒店及商业配套等多种物业类型，住宅与开发持有物业比为8：2。王石又如影随形地出来"踩一脚刹车"，其在中山大学演讲时宣称："如果有一天，万科不走住宅专业化道路了，我即使躺在棺材里，也会举起手来反对。即使哪一天中国不需要建商品住宅了，我希望，城市里最后一套住宅是万科造的。"在激烈碰撞之后两人达成妥协，万科在2009年的年报中只称："尝试与住宅相配套的其他物业类型，积极关注健康养老住宅和度假物业等新兴的住宅领域。"

王石代表的旧文化与郁亮代表的新文化，在冲突中不断妥协和弥合，直到王石完全退出经营决策，万科的文化才进入新阶段。

　　（5）并购整合型文化冲突

　　在并购整合中，并购主体对并购对象实施的管理和改造，会带给两家企业固有文化的冲突。

　　山东一家国有水务企业被民营企业并购之后，按照并购方的要求，建立现代化、市场化的管理制度，所有员工解除国有企业员工身份，按照《劳动法》重新签订劳动合同。在承诺两年之内不裁员的前提下，所有员工都转换了身份，成为合同制员工，企业改制表面上看推进得还算顺利。但随着新管理体系的确立，深层次的问题逐步暴露出来。尽管一开始宣讲得很清楚，员工也自愿签订了劳动合同，但推行绩效考核、差异化工资制之后，那些绩效表现不好的、工资拿得低的员工就开始抱怨，甚至到总经理办公室去抗议、到政府部门上访。他们认为"同岗同酬"是天经地义的，怎么现在变得同岗不同酬了？自己与别人一样，都是主管级，为什么工资差了一大截呢？从这些人的反应来看，这家企业的体制虽然变了，但企业文化没有变，员工的身份虽然转了，但思维没有转。

3. 理念体系提升

　　企业文化理念不是割裂的、碎片化的价值主张，而是一套有结构、有逻辑的体系，通常由使命、愿景、核心价值观、经营理念、管理理念五部分组成。伴随着企业成长，经营理念和管理理念需要不断丰富和细化，以解决不断涌现的新冲突。而使命、愿景和核心价值观相对比较稳定，只有当企业出现战略性转型或经营环境发生根本性变化，才可能会有所调整。

通过前面两个步骤，企业可以发现文化基因缺陷和基于成长的文化冲突。将缺陷和冲突提取出来，明确哪些文化理念需要调整，如何调整，可以梳理出新的企业文化理念体系。

我们以 IBM 为例，来说明如何基于冲突确立出全新的文化理念体系。20 世纪 90 年代的 IBM，业绩严重下滑，新产品推出的效率低下。在复杂的四维矩阵组织结构下，各事业部的"诸侯"醉心于划疆而治，热衷于权力和资源的内部争夺，整个 IBM 因此处于霸权式的封闭状态，员工的工作主动性丧失殆尽。一方面，这种状态分散了 IBM 对市场变化的专注力，使"蓝色巨人"对市场的反应变得迟缓；另一方面，由于经营单元各自为政，不沟通、不协作，内部出现相互争夺客户甚至相互诋毁的恶劣现象，极大地限制了为客户提供整合服务的能力。

1993 年，郭士纳出任 IBM 的 CEO（首席执行官），他发现 IBM 是一个具有优秀企业文化基因的公司，比如 IBM 创始人老托马斯·沃森提倡的基本信仰：精益求精、高品质的客户服务、尊重个人。正是这些文化特质保证了 IBM 初期的成功，但现状却已经背离了这种文化传统。基于此，郭士纳对整个 IBM 的组织程序进行了大刀阔斧的改革，只保留了寥寥几条组织程序、条例和指导，而代之以崭新的"IBM 八项原则"：

第一，市场是我们一切行动的原动力。

第二，从本质上说，我们是一家科技公司，一家追求高品质的科技公司。

第三，我们最重要的成功标准，就是客户满意和实现股东价值。

第四，我们是一家具有创新精神的公司，我们要尽量减少官僚习气，并永远关注生产力。

第五，决不要忽视我们的战略性远景规划。

第六，我们的思想和行动要有一种紧迫感。

第七，杰出的和有献身精神的员工将无所不能，当他们团结在一起作为一个团队开展工作时更是如此。

第八，我们将关注所有员工的需要及我们的业务得以开展的所有社区的需要。

郭士纳把他亲自起草的这八项原则视为 IBM 新文化的核心支柱，以挂号信的形式邮寄给了 IBM 全球的所有员工。

4. 贯通文化作用链

梳理出新的理念体系之后，接下来要贯通文化作用链，将文化理念转化成员工的行动。这需要深刻理解企业文化的作用机理，才能做出有效的安排。

理论点睛：一个故事折射出的文化机理

有位老人退休之后，在海边建了一座房子，以安度晚年。附近村落里一群顽皮的小孩子在房前嬉戏玩耍，还往老人的房顶上扔石子。老人不堪其扰，出来跟小孩子们讲道理，让他们尊敬老人，不要打扰他的生活。小孩子们嘻嘻一笑，继续扔石子。老人越劝说，小孩子们扔得越开心。后来老人想了一个办法，他把孩子们召集到一起，对他们说："你们扔小石子很辛苦，等傍晚的时候我会付钱给你们。"孩子们一听非常高兴，扔小石子更积极了。傍晚老人给了孩子们100元钱，还选出来一个扔小石子最多的小孩，老人让他站在所有人面前，给他戴上一朵小红花，赞扬他最能干，并让他个人分了50元，其他人分剩下的50元。仪式结束后，孩子们兴高采烈地回家了。

第二天一大早，孩子们又来到老人的房前。老人对孩子们说，自己没多少积蓄，今天只能付给大家50元。孩子们一听，觉得有些不快，嘟囔着说："昨天还给100元呢，怎么今天才给50元呢？"既然来了，那就接着扔吧。傍晚，老人又选出了一位扔石子最多的小孩，给他戴上小红花，让他分了25元，其他人分剩下的25元。但今天的仪式没有昨天那么隆重，戴小红花的小孩也感觉没有昨天获奖的小孩受重视，而其他小孩拿的钱更少了，也都不太高兴。

第三天，孩子们快到中午了才来。这次，老人对他们说，今天无论他们扔多少小石子，都没钱付给他们了。孩子们一听非常气愤，说不付钱谁还给你扔石子啊！于是气呼呼地走了。从此，老人过上了安静的生活。

在这个故事里，孩子们发生了什么变化呢？一开始，他们扔小石子只是一份童真，是为了好玩和快乐；但是后来，他们扔小石子不再是为了好玩，而是为了获得酬劳。他们的价值观发生了根本性的变化。

是什么让孩子们改变了价值观呢？是老人制定的游戏规则，即小孩扔石子，老人付钱给他们。本来孩子们扔石子这件事与钱无关，支付酬劳也不在孩子们的诉求范围之内，但是老人确立了这样的游戏规则，让扔石子与钱产生了关联。

老人利用什么手段来巩固孩子们的新价值观呢？他用了可见的、仪式感很强的方式来强化孩子们的意识：一是选先进，让扔小石子最多的小孩站在大家面前，当众赞扬他，给他戴小红花；二是让他得到最多的酬劳。通过树典型，老人让所有小孩都相信，扔的小石子越多得到的酬劳就越多，获得酬劳最多的人就是大家的英雄。

老人利用什么手段让孩子们放弃了扔小石子呢？这与他在孩子们的内心所树立的价值观的强度有关。他在非常明确和强烈地改变了孩子们的价值观后，又通过调整规则，即降低酬劳来对抗孩子们的新价值观，让孩子们为了坚持新价值观而放弃了扔石子。显然，新价值观越强烈，这种反作用力就越强；如果新价值观不够强烈，老人降低酬劳是无济于事的。这就是为什么老人在一开始使用各种手段来树立和强化孩子们的新价值观了。

这个故事说明文化理念本身不能直接产生力量，必须制定规则影响行为，才能够真正达到效果。就像老人一开始对小孩子讲要尊敬老人一样，尽管道理非常浅显，但对孩子们一点儿作用都没有。如果老人改变策略，直接告诉孩子们"扔石子是能获得好处的"，孩子们也会无动于衷，因为他们对酬劳没有任何概念，即使听明白了，也不一定相信。老人必须通过规则让孩子们相信扔石子确实与酬劳有关，就像商鞅为了变法而搞"徙木立信"一样。除此之外，还要通过仪式来强化它，老人的做法是让扔石子最多的孩子戴上小红花，得最高的酬劳。可以看出，文化理念只有得到制度规则的支撑，才能够对人的行为产生作用，而对行为的引导，也可以反过来强化人的理念认知。有的学者将企业文化分为三层结构，即理念层、制度层和物化行为层，就是这个道理。

企业文化要想产生力量，必须在这三个层面上保持一致。有什么样的理念，就应该有什么样的制度；有什么样的制度，才会引导什么样的行为。

郭士纳在确立了"IBM 八项原则"之后，为了保障新文化能够贯彻，推出了三大管理措施：一是提出了行为变革要求，明确了目标导向；二是成立了高级领导集团（SLG，Senior leadership group），为那些坚持原则的员工提供成为领导者的通道；三是建立了新的绩效评价系统，所有员工每年围绕八项原则制定个人业务承诺（PBCs，Personal Business Commitments），并制订具体行动计划。

结果证明，郭士纳成功地让大象跳起了舞蹈。其成功的关键就是打通了文化的三个层面之间的作用链。从理念层面的八项原则，到制度层面的绩效评价系统，再到行为层面的行为变革要求，三个层面互为支撑、互相强化，充分释放出文化变革的力量。

5. 选择文化变革启动点

企业的文化理念需要通过制度规则和物化行为传递力量，其实制度规则和物化行为也会反作用于企业的文化理念。在老人与小孩的故事中，老人就是通过确立制度规则改写了小孩子的底层价值观；通过戴小红花、树典型等仪式强化了这种价值观。所以在企业文化的三层结构里，是存在作用力和反作用力关系的。企业在选择文化变革的启动点时，要结合企业的实际情况，在文化理念、制度规则和物化行为三个层面做出选择。

理论点睛：企业文化三层次结构的正反作用链

（1）制度规则对文化理念的反作用

企业可以通过制度规则的变化，来塑造或改变员工对文化理念的认知。企业需要关注的是，推行新的制度规则是否会改变员工的理念认知，以及这种改变是否符合企业的期望。

2007年1月，索尼前常务理事土井利忠（笔名"天外伺郎"）撰写了《绩效主义毁了索尼》一文，指出索尼失败的根源是从1995年开始推行的绩效管理制度。天外伺郎认为索尼过去的成功依靠的是三大精神支柱，分别是挑战精神、团队精神和激情，但是绩效主义毁掉了这三大支柱。因为绩效考核与员工的薪酬挂钩，导致员工在制定绩效目标的时候从挑战变成了保守，谁也不想给自己制定一个挑战性的目标影响自身的利益。尤其是研发人员，他们以前以突破自我、引领创新为荣，而现在挑战精神消失了，企业的创新能力大大下降。绩效考核还导致员工把注意力集中在完成自己的指标上，而对团队和跨部门协作的事项置之不理，他们担心"耕了别人的地，荒了自家的田"，结果原来的团队精神消失了。当挑战精神和团队精神不复存在，员工的使命感、荣誉感和成就感就无从获得，工作激情也难以持续。索尼赖以发展的三大精神支柱坍塌了，业绩陷入泥潭。

索尼推行绩效管理制度的初衷肯定是好的，但事实上，制度破坏了索尼原有的文化理念。

（2）物化行为对文化理念的反作用

人的行为一旦形成习惯，就会在潜意识中确立一种认知，久而久之就成为人自然接受的理念，认为这种理念由来已久且毋庸置疑。

有人做了一个实验，把三只猴子放在同一个笼子里，笼子上方吊着一根香蕉。只要有猴子试图去拿香蕉，笼子顶部的喷头就会喷水，把三只猴子浇成"落汤鸡"。三只猴子尝试了几次之后，弄明白了这个规律，就不再去拿香蕉了。这时，工作人员把其中一只猴子放出来，换一只新猴子进去。新猴子不明就里，想要去拿香蕉，另外两只猴子就跳起来把新猴子打了一顿。于是新猴子也明白了香蕉不能拿，至于为什么不能拿，它不清楚。接着，工作人员再把原来三只猴子中的一只放出来，放进一只新猴子。情节重演，新猴子也不再去拿香蕉了。最后，工作人员把原来的三只猴子全部换成新猴子，新猴子仍然固守着这个规矩，谁也不去拿香蕉。因为在它们的意识中，这根香蕉就是不能拿的，这是天经地义的。

把猴子的表现映射到人身上，道理是一致的。这就是为什么员工适应了一家企业的环境之后，对外部人无法适应的一些问题，他们却浑然不觉的原因。因为他们的潜意识中已经认同了这种现象，形成了认知惯性，接受了现象背后的理念。

（3）塑造文化的正反两条作用链

正作用链就是遵循企业的理念体系、制度规则和物化行为的顺序依次进行设计和推进。这条线适用于企业家和管理者，他们是企业文化的主导者，对文化理念的理解和接受程度比较高，所以按照正向作用链塑造文化是可行的。

反作用链是从制度规范或者物化行为层面入手，反向塑造企业文化。这条线适用于中基层员工，他们对文化理念的理解和接受程度比较低，直截了当地向员工灌输很难达到效果。按照反向作用链进行推进，能够有效地规范员工行为，通过习惯潜移默化地影响理念认知。尽管是从制度规则或物化行为入手，但第一步仍然是设计理念体系，就像打牌要提前留好底牌一样，企业家或核心管理团队要对塑造什么样的文化理念胸有成竹。很多企业的文化建设表面上看采取的是反作用链方式，但实际上它们没有理念体系设计这个前提，也不理解理念体系、制度规则和物化行为三个层面之间的关系和作用机理，只停留在搞各种各样的文娱活动的物化行为层面。

6. 回归伴生拐点

文化拐点与其他四个拐点相伴相生。如果其他某个拐点必须在改变原有的文化理念、建立新的理念体系的情况下才有可能突破，那么就需要升维到文化层面寻找解决路径。通过前面的五个步骤，文化层面的理念障碍已经扫清，企业的发展就从文化拐点回归到伴生拐点，进入"拉扯式成长，螺旋式上升"的新阶段。

比如与战略拐点伴生的文化拐点，在解决了企业家价值偏好和思维封顶带来的问题之后，理念境界进入新高度，这时意味着突破了文化拐点，企业的成长拐点就又回归到战略拐点本身上来。所以文化变革并非"为文化而文化"，而是要服务于企业战略、组织、人才、运营的提升，对企业成长产生真正的推动价值。

二、体系建设型

有的企业在文化方面让员工感觉说一套，做一套，表里不一。造成这种结果的原因有二：一是企业家或核心管理团队明知故犯，用文化理念、口号来蒙蔽员工和客户，而实际上并不想践行这种文化；二是企业家或核心管理团队提出文化理念并想真正践行它，但由于对企业文化运作机理理解不深刻，没有建立起有效的文化管理体系，导致企业文化只停留在理念口号层面，并没有深入人心，使其转化为员工行动。第二种原因导致的文化拐点被称为体系建设型，突破它需要做好五个步骤。

1. 重新澄清理念

文化管理体系不完善，会导致文化理念的错乱。尽管企业家或核心管理团队倡导明确的文化理念，但在制度规则、物化形象方面，与倡导的文化理念不一致，甚至相互背离。听到的和实际中感受到的文化理念杂糅到一起，使员工不知道哪些理念是真，哪些理念是假。长此以往，不同的员工对企业的文化认知是不一样的，谁也无法说清楚企业的文化理念。

所以必须重新澄清企业的文化理念，让员工了解到企业统一的、官方的文化理念和价值主张。

2. 贯通文化作用链

理念澄清之后，首先，要对企业的制度规则进行逐一排查检讨，对于与理念不一致的制度条款，要进行修正，针对缺乏制度支撑的理念，要进行必要的制度补充。

其次，从员工行为角度排查检讨行为准则，对于与理念不一致的行为准则，要进行修正。

最后，从外在的物化形象角度排查检讨企业的视觉识别系统的一致性，包括文化宣传片、文化墙、导视标记、徽章、司旗、条幅、信签、赠品等，对于与理念不一致的形象，要进行修正。

最终达到的状态是理念层、制度层和物化行为层保持一致。

3. 完善文化活动

为了让企业文化深入人心，企业需要设立基本的文化活动，并不断创新形式，使活动为员工所喜闻乐见。常见的企业活动包括庆典、仪式、公益、培训等。比如很多企业每月会举办生日会，业绩目标达成后会有庆功会，年末会举办隆重的年度庆典，每年会组织公益活动，定期举行文化使者评选等。

企业家或核心管理团队需要检讨企业现有哪些固定的文化活动，这些文化活动的实际效果如何，还需要建立哪些固定的文化活动，还有哪些创新活动可以尝试，等等。

4. 完善文化纠偏机制

在贯通了文化作用链、设立了文化活动、增加了员工浸染文化的场景之后，还需要从员工角度对文化践行进行纠偏，以保障文化深植人心，并体现在行动中。

文化纠偏有推、拉两种方式。

推的方式是监督管理

员工从入职开始，就需要导入文化管理的流程。比如有的企业会选择第一周、第一个月、第三个月为特定时点，对新员工进行文化植入。第一周是入职文化宣导期，会对新员工进行系统的文化理念宣导；第一个月是文化适应期，会对新员工的文化困惑或理念冲突进行疏导；第三个月是文化考核期，只有通过文化考核的新员工才可以转正。

转正之后的员工要纳入日常的文化监督管理。比如阿里巴巴将价值观考核纳入员工日常考核体系，每季度考评一次，其占员工综合考评分的50%。员工先按照价值观考核细则进行自评，再由上级进行评价。价值观得分在合格及以上等级者，不影响综合评分数，但要指出价值观改进方向；价值观得分为不合格者，无资格参与绩效评定，奖金全额扣除；任意一项价值观得分在 1 分以下，无资格参与绩效评定，奖金全额扣除。

拉的方式是激励引导

拉的方式即在践行企业文化的行为与员工激励要素之间建立明确的挂钩关系，对践行企业文化的员工形成正向激励，并以点带面，影响更多员工主动践行企业文化。比如，郭士纳在 IBM 推行文化变革时，成立了高级领导集团，为践行企业文化的员工提供进入高级管理阶层的绿色通道。

5. 回归伴生拐点

这一步骤与"文化成长型"突破路径的第六步内涵是一样的。文化层面的管理体系障碍已经扫清，文化的力量就能够被释放出来，企业的发展就从文化拐点回归到伴生拐点。

第九章
拐点法则下的企业系统思维构建

通过"揪头发"锻炼一个管理者的"眼界"，培养向上思考、全面思考和系统思考的能力，杜绝"屁股决定脑袋"和"小团队"，从更大的范围和更长的时间来考虑组织中发生的问题。

——阿里巴巴管理之道

　　拐点法则就像将企业放进了四维空间，即在三维空间里加入了时间维度，能使我们看到企业的成长姿态和节奏，看到企业发生质变的成长拐点。这种动态的、发展的视角，能引导企业家和管理者从繁杂的日常事务中摆脱出来，将有限的资源和精力聚焦投放到影响企业走向的成长拐点上来，成为真正有效的管理者。同时，这种视角还可以为企业家和管理者建立关于企业的系统思维结构，能让他们将积累的知识碎片融会贯通，形成对企业的系统认知，成为优秀的"管理架构师"。

一、拐点次序更迭决定企业成长姿态

每一次成长拐点的突破，都将企业带入新的成长空间。但是企业必然会遭遇拐点吗？会一直成长下去吗？

通过研究大量企业案例，我发现企业生存一般有两种状态，一种是"自适状态"，一种是"跃迁状态"。自适状态是指企业在战略、组织、人才、运营和文化五个部分处于动态平衡的状态，不存在成长拐点；跃迁状态是指企业的自适状态被打破，需要向新的自适状态调整。

在自适状态，战略界定的空间边界是足够的；并且在市场竞争格局中，企业能够维持在一个稳定的地位；组织、人才、运营和文化亦能使企业的运行效率较高，没有明显的系统内耗。

自适状态与企业规模大小无关。有的企业规模很小，但从五个部分来看，处于互相匹配、动态平衡的状态，往往能维持较长时间的稳定经营。比如一些靠家族或师徒传承手艺来经营的店铺，虽然规模不大，但有稳定的业务和收益，能够一代一代持续经营下去。有的企业规模很大，但处于大幅度的变革调整之中，犹如逆水行舟，不进则退，并没有进入自适状态。比如海尔集团，从规模上看是一个大企业，但是其一直处于变革之中。尤其在管理上，从十年前的"OEC 管理法（全方位优化管理法）""休克鱼理论""SBU（战略事业单元）""人单合一""市场链"的创新到近年推动的"平台型组织"，砍掉中间层，去除隔离墙，大规模裁员，其员工数量从 8.6 万人减少到 6 万人，裁减中层经理多达 1 万名，海尔从来没有停下变革的脚步。按照张瑞敏的说法，没有成功的企业，只有时代的企业，只要时代在变，企业就必须一直变下去。

自适状态是一种相对的、动态的平衡。内在诉求和外在竞争都会打破这种动态平衡，使企业进入跃迁状态。

内在诉求是指企业家的追求。如果企业家认为当前状态就是他的理想状态了，那么会努力维护这种动态平衡；如果他认为这并非自己追求的理想状态，就会主动打破这种动态平衡，向理想目标去发展。我曾经调研过一家企业，其收入规模在 5 亿元左右，员工人数 200 人，盈利水平很好，管理团队很稳定。我问企业家有没有扩张的计划，他告诉我不希望扩张。他认为企业维持现在的规模是盈利水平最高的，太小或太大都不一定比现在利润率高。另外非常重要的一点是，如果进行规模扩张，他不确定能够管控得好，企业目前的规模已经是他管理能力的边界了，所以他更希望维持现在的状态。

外在竞争是指竞争格局带来的影响。即使企业家希望维持当前的动态平衡，外部竞争趋势也不一定给予企业家这样选择的机会。竞争对手的发展会改变力量对比，使企业已经确立的竞争优势降低，很难再依靠原有的竞争优势维持动态平衡。潍柴动力曾经依靠全面服务战略领先于同行，成为行业翘楚。作为行业的领导者，潍柴动力希望维护自身的竞争地位。但是其他主机厂和配套厂开始纷纷效仿潍柴动力的做法，通过整合的方式构建社会化的销售服务网络，采用的手段也趋于同质：开放三包政策、工时费，提高结算速度，提供促销支持等，以此与潍柴动力展开社会服务资源的争夺。潍柴动力原来的竞争优势被逐步削弱，为了保持领先，它就必须自我打破动态平衡，确立新的战略姿态迎接新一轮竞争。

无论是主动还是被动，一旦动态平衡被打破，企业就会从自适状态进入到跃迁状态。跃迁状态意味着企业的五个部分必须在本质上做出提升，将企业带入新的高度。但是企业在实践中很难做到五个部分同步做出改变，因而要识别五个部分中相对落后的部分，将其提升为先进部分，此时原来相对先进的部分就变成了新的相对落后部分，再将其提升，通过先进拉动落后，实现五个方面的交替提升，直到进入新的自适状态。相对落后的部分就成为企业的成长拐点，如果顺利突破，企业就会迎来下一个拐点，依次突破就能实现跃迁。如果无法突破某个拐点，企业就会停留在原有水平上徘徊不前，使跃迁过程变得艰难而漫长。跃迁状态是一个不稳定的状态，不进则退，我们看到很多企业快速成长，又快速陨落，就是因为它们处于跃迁状态。

从跃迁状态中，我们可以看出企业成长的姿态，即先进部分对落后部分的"拉扯式成长"，通过五个部分的交替提升，企业实现了"螺旋式的上升"，从一种自适状态到达另外一种自适状态。概括起来，企业成长的姿态是"拉扯式成长、螺旋式上升"。

　　企业在自适状态并不会遭遇成长拐点，企业在跃迁状态则必然会遭遇成长拐点。自适状态代表企业外在维持盘整、量变积累的过程，跃迁状态代表企业外在拐点突破、质变成长的过程。

二、拐点拉扯尺度决定企业成长节奏

处于跃迁状态的企业，总是先进部分拉动落后部分，实现交替提升、拉扯式成长。就像人走路一样，左腿与右腿交替前行才能到达目的地。但是先进要比落后领先多少才算合适？就像人的左腿与右腿保持多大的"步幅"才算合适？

1. 步子太大，快而惊险：德隆和盛大

德隆集团 1986 年创建于新疆，名不见经传，却在 2000 年左右迅速崛起，通过资本运作控制上市公司，短短几年就整合了三大产业：番茄酱产业、合金产业、重卡汽配产业。公司拥有新疆屯河集团有限责任公司、沈阳合金投资股份有限公司、湘火炬投资股份有限公司，并参股 20 余家公司。滚雪球式的发展使德隆的业务规模迅速放大：新疆屯河在 7 年的时间里业务扩大到原来的 20 倍；沈阳合金在 6 年的时间里业务规模扩大到原来的 22 倍；湘火炬在 6 年的时间里主营业务收入增长 140 倍。但是德隆的"雪球"内核是松的，资本运作的杠杆过大，而实业经营上的利润贡献率非常低，导致资金链高度紧张，一有

风吹草动，企业就有崩盘的风险。2004年，德隆的好运气用光了，银行催债，投资人挤兑，德隆陷入万劫不复的境地。

德隆就属于步子迈得太大：战略是它的先进部分，组织、人才、运营是它的落后部分；战略在资本上的能力很强，但落后的组织、人才、运营导致在实体经营上的利润贡献率很低，先进部分领先落后部分太多，于是就栽了跟头。

以游戏起家的陈天桥并没有把游戏当作事业的载体，而是主动求变，推动盛大向休闲游戏、电影、音乐及其他互动内容的综合供应商转型。为了实现转型，盛大要从"软件＋运营商"转变为"软件＋硬件供应商"，以硬件为入口，靠内容来盈利。盛大的战略，本质上是"内容整合＋智能硬件"，也就是小米这类企业现在干的事情。但陈天桥从2003年就开始筹划，2004年正式实施，比其他人早了十几年。他的理念被媒体广泛传播，却没有收获叫好声，因为大部分人压根儿听不懂陈天桥在说什么！实际上，直到今天，仍有很多媒体对"三网融合""硬件入口＋服务收费"的模式懵懵懂懂。可想而知，当年的陈天桥面临着怎样的舆论压力。外界不懂陈天桥，内部支持他的人也不多，胞弟陈大年、总裁唐骏都是反对派，反对理由是盛大没有任何做硬件的经验。陈天桥跑得太快了，快到四周没有敌人，也没有路。当时的各种条件都无法匹配他的雄心，最后的结局就是盛大在新战略上节节败退。

2. 步子太小，慢而稳健：数寄屋桥次郎

日本有一家只卖寿司的小店，叫数寄屋桥次郎，位于东京银座办公大楼的地下室。这家小店只有 10 个座位，没有豪华的装饰，没有菜单，老板只根据当天能买到的食材来定菜品，没有酒水饮料和小菜，客人平均用餐时间仅 15 分钟。即便如此，要想到这个小店用餐，也需要至少提前一个月预约。这家小店成了世界上最小的"米其林三星餐厅"。奥巴马访日期间，日本首相安倍晋三特意请他到这家小店用餐。米其林餐饮指南说，你可以只为了这间寿司店去日本。这家店已经经营了 50 多年，直到今天，也只不过在东京开了第二家分店，筹划在北京开第三家分店而已，并且每家分店的规模与第一家店保持一致。这家企业把步子迈得很小很小，不在规模上扩张，只在品质上孜孜以求，从而成就一个小而美、美而优的企业。

3. 迈多大的步子合适：半步理论

在科技创新领域有一个著名的"半步理论"：创新不等于创造商业价值，太多先进的科技创新在商业上输得一塌糊涂；考虑一种产品的先进性与创新性，一定要结合市场的兼容性，最好领先其他人半步。在企业成长的节奏中，半步理论也值得借鉴。企业的先进部分不能太过领先于落后部分，领先的程度太大，超出了企业变革的承载极限，就会变成负累，可能会将企业拖垮。但也不能过于保守，使企业的成

长速度太慢而给竞争对手留出机会。合适的"步幅"应该控制在企业变革承载能力范围之内。

显然，不同企业实力不同、阶段不同，对"步幅"的承载能力范围是不一样的。就像人的步幅，与体质相关。高大的人，腿长步幅大；矮小的人，腿短步幅小；强壮的人，两腿交替的速度可以更快；孱弱的人，两腿交替的速度就会较慢。所以要针对具体的企业，来评估步幅和节奏。台积电（台湾积体电路制造股份有限公司，简称台积电）原董事长、台湾地区信息产业奠基人张忠谋认为："企业必须创新，但又不能太创新。看得太远往往徒劳无功，白费金钱与精力。所谓创新，台积电一般能做到领先3年，最多5年。"这对台积电来讲，是适宜的步幅和节奏。

三、企业系统思维：动态价值链

　　成长拐点是企业发展过程中出现的一种特殊状态。在任何一个时点，企业只能出现一个拐点，不可能多个拐点并存。五个拐点分别对应着企业的五个方面，即战略、组织、人才、运营和文化。每一个拐点的突破，都是对企业相应方面的一次质的提升。

　　将成长拐点的逻辑投射到企业系统上，我们可以把企业系统解构成战略、组织、人才、运营和文化五个部分（见图9）。

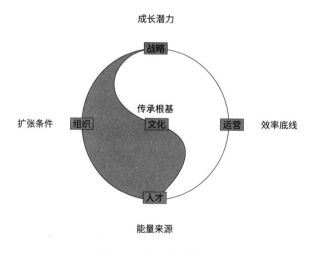

图9　企业动态价值链

这与波特价值链将企业系统解构为基本活动和辅助活动的逻辑完全不同。波特价值链（见图 10）是对一个企业的静态描述，将企业运行所需的各种功能和活动展现出来，就像人体解剖图展示人体器官一样。

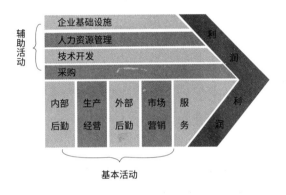

图 10　波特价值链

而由成长拐点投射出来的企业系统，是对企业成长过程的动态描述，将企业每一个发展阶段的主要矛盾及矛盾运动过程展现出来，就像描述人生的每一个阶段面临的不同核心问题一样。为了与波特价值链的静态描述相区别，我将这样的企业系统称之为"动态价值链"。

企业的动态价值链更好地展示了企业成长的运行机理。

"战略"界定了企业的"成长潜力"。任何企业立足于市场，必须选择某种战略模式，包括企业的业务领域、竞争手法、核心资源能力、职能保障措施等核心内容。当选定某种战略模式，企业也就为成长划定了潜力边界，如果要突破这个边界，必须通过调整战略模式来实现。

"组织"界定了企业的"扩张条件"。企业规模的扩张必然带来管理复杂度的上升，如果没有一个匹配的组织方式，企业就会"过载"而陷入管控危机。即使规模得到了一时的扩张，也会被"打回原形"，甚至"大伤元气"。所以企业的扩张必须以匹配的组织方式为前提条件。

"人才"界定了企业的"能量来源"。无论是企业的战略模式，还是组织方式，抑或其他管理机制和制度规则，都需要员工来推动和执行。如果没有匹配的人才和有效的激励，一切都只是描绘在纸上的"设计图"而已，永远无法变成现实。所以人才是企业发展的能量来源。

"运营"界定了企业的"效率底线"。企业在既定的战略之下对组织的设计和人才的安排，根本目的是达成结果，这要求企业运行的效率必须达到一个底线。当低于某个底线水平，会危及企业的竞争甚至生存。运营就像一条绳子，牵动着企业的战略、组织和人才，将效率提升到底线水平之上。

"文化"界定了企业的"传承根基"。文化是企业做出任何决策背后的价值观和理念假设系统，是企业成长中最重要的根基。文化根基有深有浅，文化根基深的企业，无论环境如何变化、业务如何调整，它内在的精神不变；文化根基浅的企业，任何环境的变化、业务的调整，都会带给它理念的冲击和摇摆。"百年基业""百年老店"一定是有深刻的文化根基，才能保证其经历百年风雨而传承不止。"流星"型企业往往是在顺境中风光无限，在逆境中没有精神支柱而快速陨落的企业。文化根基的深浅决定了企业生命传承的长短。

在动态价值链的五个部分当中，战略创新扩展了企业的成长潜力。当企业遭遇了战略拐点，也就是触及了潜力边界，在组织、人才和运营上去改进是没有意义的。文化除了影响其他四个方面，更重要的是决定企业能持续和传承多长时间。动态价值链的五个部分与五个成长拐点之间的逻辑关系是呼应的。

在动态价值链的右侧，包括了战略和运营。这是相对客观的部分，因为战略和运营是可以在外部市场直接得到检验的。在动态价值链的左侧，包括了组织和人才。这是相对主观的部分，因为组织和人才是基于企业家和管理者的判断而做出的主观设计，它们不能够在外部市场直接得到检验。文化处于动态价值链的中间，它与左右两部分都密切相关。这五个部分的特点暗合了太极图的规律：战略和运营代表"阳"，组织和人才代表"阴"，文化是阴阳交界线，体现出阴阳本一、阴阳转化而生万象的道理。所以我将动态价值链与太极图叠加到一起，便于大家加深理解。

动态价值链为我们提供了一个理解和驾驭企业系统的新视角。面对任何一个企业，我们都能够用动态价值链去透视它，分析企业的发展状态和遭遇的拐点。企业到底能长多大，取决于五个部分中的短板，这个短板就形成了成长拐点。某个短板补长了，即突破了某个拐点，就会出现下一个短板，形成新的成长拐点。

拐点法则下的商业生态

一片热带雨林就是一个生态系统。这里的一切都遵循着丛林法则：物竞天择，优胜劣汰，适者生存，同时又互为支撑，互相依存。

不止在自然界，丛林法则在商业社会中也同样存在。企业作为商业社会丛林中的组成部分，无论是跨国发展的大企业，还是区域化的企业，抑或是刚刚创立的企业，都必须遵循一定的法则。企业丛林表面上看混乱不堪，没有统一的管理，没有明确的章法，属于自由蔓生、各行其是，但实际上却有一系列不可违背的法则在背后发挥着作用，它们就像一只无形的手，在调节着丛林的生态。违背法则的企业只能如昙花一现，在企业丛林中因找不到生存空间而被淘汰；遵循法则的企业一定能够找准自身在丛林中的位置和生存空间，成为丛林里有价值的组成部分。在企业丛林的一系列法则中，决定企业成长轨迹的最重要的法则就是拐点法则。

在拐点法则之下，各行各业、形形色色、大大小小、生生死死的企业交织在一起，或繁荣，或维持，或萧条。再繁荣也有衰败退出的企业，再萧条也有高歌猛进的企业。这些企业的生存状态大致可以分为六类，它们共同构成了企业丛林的众生相。

第一类是创业失败者。每年都有海量的企业创立，也有海量的企业消失。创业是人、事和时机的一次机缘际会，其成功率是非常低的。有的创业企业是由于机缘不合而失败，有的企业是由于存在基因缺陷，注定要失败，即使偶然成功也无法持续。

第二类是机会主义者。创业成功的企业，如果能够尽快跨越战略拐点，就会进入到定向成长的轨道；如果不能跨越战略拐点，企业家也没有意愿进入定向成长的轨道，他就会被各种机会所诱惑。企业基于某项业务发育出来的组织、人才及管理机制，会在下一项业务面前变得毫无意义。这种状态的企业无法发育出真正的组织，只是"一山看着一山高""打一枪换一个地方"的机会主义者。

第三类是拐点受困者。创业成功的企业试图摆脱机会型成长的状态，进入定向成长的轨道；或者已经进入定向成长轨道，但在跃迁过程中遭遇了某个成长拐点。由于企业家或管理者不理解拐点法则，找不到拐点突破路径，企业只能在原有模式下徘徊不前。

第四类是自适精实者。企业处于自适状态，动态价值链的五个部分相互匹配，达到一种动态均衡。这类企业规模不一定很大，但运行高效，利润率高。前文中讲到的日本只卖寿司的小店"数寄屋桥次郎"就是这类企业的典型代表。它已经经营了50多年，虽然规模没有明显扩张，但非常精实和良性。

第五类是跃迁进取者。很多企业家希望自己的企业做强做大，这就需要企业不断地突破拐点。企业即使达到了自适状态，也不会停止前进的脚步，会主动打破这种自适，再次进入跃迁状态，迈向新高度。这类企业有没有止步的那一天？这取决于文化拐点，取决于企业家的使命追求。

第六类是强势折载者。这类企业由于没有把握好成长节奏，步子迈得过大，或被打回原形，或跌入低谷，或彻底失败。德隆从一个发迹于边城乌鲁木齐的小企业，到成为一个控制资产超过 1200 亿元的金融和实业帝国，整个扩张的过程不超过十年，但它的倒塌，竟在一夜之间。

这六类企业形成了商业社会的生态丛林，每类企业的状态都不一样，都是正常的存在、合理的存在，都体现着企业的自由意志和命运的自主选择，都应该得到尊重。

我们在面对一家企业的时候，不要从自己的立场去评判企业的是非，那不是你的企业，也不是你的选择，不符合你的价值观和预期也是正常的。它也没有必要去满足你的预期，它只需要明白自己是谁，是不是该这样生存着就足够了。它要满足的是企业家的预期。也许他就想做一个机会主义者，我们没有必要让他转化成企业家；也许他就希望自己是一个自适精实者，我们没有必要让他复制扩张；也许他就希望自己是一个跃迁进取者，我们没有必要牵绊他奔跑的脚步。有的人愿意当一棵小草，虽然自己不出众，但可以让大树为其遮风挡雨；

有的人愿意当一棵大树，虽然引人注目，但也可能要面对风吹雨打。这都是自己的选择，无关好坏对错。我们应该做的，是让企业家更清晰透彻地做出选择，活得更加明白，而不是代替他或引导他的选择。

当你从最后一章走出来，就已经沿着拐点法则的逻辑线完成了一次思维旅行。回望整本书，貌似涉及了很多管理主题，每个主题又或多或少或深或浅提到了很多理论和概念，其实它们都指向了四个基本问题。

第一个问题：企业成长会遭遇哪些拐点？

第二个问题：这些拐点之间存在什么样的内在关系？

第三个问题：如何判断这些拐点已经出现？

第四个问题：如何突破这些拐点？

对这四个基本问题的回答，就是拐点法则的核心内涵。

我希望做的，就是让企业家或管理者掌握拐点法则，同时也理解企业丛林中的多种生存状态，接受其自主意志和自由生长。企业家和管理者只有心存对本质规律的敬畏并树立企业丛林的生态观，才能真正看透企业，成为优秀的管理架构师，带领企业发展和壮大。